El
REGALO
del
TIEMPO

El REGALO *del* TIEMPO

Cartas a Mis Hijos

Jorge Ramos

rayo

Una rama de HarperCollins*Publishers*

Diseño del libro por Emily Cavett Taff

PRIMERA EDICIÓN RAYO, 2007

Library of Congress ha catalogado la edición en inglés.

ISBN: 978-0-06-135311-6

ISBN-10: 0-06-135311-6

07 08 09 10 11 PA/RRD 10 9 8 7 6 5 4 3 2 1

"Escribir cartas... significa desnudarse..."
Franz Kafka

ÍNDICE

ÍNDICE

ACLARACIÓN *al* LECTOR

Estas cartas no son para ti.

No se suponía que tú las leyeras. Pero aquí están.

Te cuestionarás, entonces, por qué publicarlas, por qué no dejar que el asunto quede en privado, entre mis dos hijos y yo. (Los tres, lo sé, somos más bien tímidos. Airear nuestros asuntos privados no va con nosotros.)

Publicar estas cartas, te soy sincero, fue lo más difícil de justificar y quizás no tengo una razón del todo apropiada. Pero, al final de cuentas, se convirtieron en un testimonio del amor por mis hijos. Es una forma de gritar que los quiero. Y quiero que lo sepan.

Aquí, en quince cartas, vas a conocer a mis hijos que son, sin la menor duda, lo mejor de mi vida.

Además, si echas una mirada a nuestro pequeño mundo, tal vez te des cuenta que nuestros dilemas y problemas son similares a los tuyos.

Te vas a enterar de cosas que son, por su naturaleza, sumamente personales. Sin embargo, estoy seguro, no te serán del todo ajenas. Las publico porque creo que entre tú y yo hay muchas cosas en común.

Sus cartas, de alguna manera, ahora también son tuyas.

Y sólo te pido que las trates con cuidado.

¿De acuerdo?

El
REGALO
del
TIEMPO

POR QUÉ *les* ESCRIBO

Mis más queridos Paola y Nicolás:

La vida se va de volada. El tiempo es un regalo que no podemos desperdiciar. Y el tiempo es ese pedazo de vida que nos tocó vivir juntos.

Les escribo estas cartas antes que sea demasiado tarde. No, no se asusten. Esta no es una despedida. Todo lo contrario.

Estas son unas cartas para abrazarlos; para darnos, una vez más, la bienvenida.

Las escribo para contarles lo que nunca antes les he contado. O que, tal vez, no se los dije en su totalidad. Y no es que me haya guardado muchos secretos. Simplemente hay algunas cosas que quiero que sepan.

Estas páginas no van a estar llenas de consejos. Lo sé: no hay nada peor ni más irritante que dar consejos no solicitados. Incluso a tus hijos.

Sólo quiero contarles lo que he aprendido en este medio siglo de andanzas—como padre, como hijo y hermano, como periodista, como extranjero, como viajero—y compartirlo con ustedes.

Podrían también argumentar que todo esto ya lo han escuchado directamente de mí o que podríamos hablarlo en persona en una cena. Cualquier momento es bueno para hablar ¿no? Es cierto. Pero de alguna forma sentí la necesidad de que quedara por escrito.

Alguna vez, estoy seguro, levantarán estas páginas para buscar respuesta a alguna interrogante: uno de esos vacíos que siempre quedan sin respuesta en las relaciones entre padres e hijos. Yo me quedé con muchas preguntas para mi padre y no quiero que eso les pase a ustedes.

El miedo no es de morirme.

Mi miedo principal es morir sin decirles todo. Quiero que sepan la manera tan especial en que cada uno de los dos transformó, para bien, mi existencia. O más sencillo: quiero que sepan, de verdad, cuánto los quiero.

Le tengo terror a lo cursi. Pero inevitablemente me atoraré en algunos pantanos de sentimentalismo para explicarles cómo me siento. *Sorry*.

Hay muchos padres que se quejan de que sus vidas se complicaron cuando nacieron sus hijos. A mí me ocurrió exactamente lo opuesto. Después del nacimiento de cada uno de ustedes, mi vida se simplificó: supe en esos momentos que no había nada ni nadie más importante para mí. Y así ha sido desde entonces. Ustedes se convirtieron en mi prioridad y lo demás fue, pues, lo demás.

Ya no tengo que escoger. Ustedes escogieron por mí. Tengo esa paz interior de saber que, antes que cualquier otra cosa, ustedes van primero.

Nicolás, como tú sabes hasta el cansancio, cada vez que tengo la oportunidad te digo que tú y Paola son lo más importante para mí. En ocasiones me da risa tu carita (cuando me ves como si te estuviera hablando un loco) al repetirte esa pregunta-mantra vital para mí: "¿Tú sabes que eres lo más importante de mi vida?"

"Eso ya me lo dijiste, papá," me dices. Y al oírlo me quedo tranquilo. Pero unos días después, te lo vuelvo a preguntar.

Contigo Paola, quizás por ser la mayor, no te lo he dicho tanto. Mi error. Y me apena. No hay un manual para ser padres y a los dos nos ha tocado acertar y equivocarnos en esta arriesgada y hermosa aventura de padre e hija primerizos.

Los primogénitos—y no se te olvide que yo también soy uno—llevamos la carga más pesada de la familia. Los papás experimentan con nosotros. En ocasiones es como caminar en la oscuridad y a tientas. No sabes si lo haces bien o mal. Haces, eso sí, lo mejor que puedes, aunque siempre te queda la duda de si actuaste correctamente.

¿Y por qué les escribo estas cartas ahora? ¿Por qué no escribir, como antes, otro libro de política, de entrevistas o de uno más de mis viajes?

¿Por qué hacer público algo tan privado?

Bueno, después de veinticinco años viviendo hacia afuera, persiguiendo noticias, me he dado permiso para hacer una pausa y ver hacia dentro. Sí, me di permiso. Y me encontré a un ser muy incompleto. Durante años había bloqueado o evadido tantas cosas que en ocasiones ni yo mismo me reconocía. Es como si me hubiera desconectado de mi parte emocional.

Las cartas que van a leer a continuación me han ayudado a reconectarme con mis emociones y, algún día, con ustedes y la gente que me rodea y me quiere. Es muy emocionante, casi una sorpresa, cuando redescubres en ti esa chispa enterrada. Y luego de encontrarla, no estoy dispuesto a dejarla apagar de nuevo.

Me rescaté. Me descongelé emocionalmente.

Paola, Nicolás, estas cartas incluyen todo lo que siempre les he querido decir y que no quiero que olviden. Estas cartas son resultado del tiempo que hemos pasado juntos y que es irrepetible. Estas cartas, al final de cuentas, son la prueba más clara de que mi vida es muchísimo mejor gracias a ustedes dos.

Los quiero montones,

Papá.

CASI

A Paola y Nicolás, por cada día que paso con ustedes:

El miércoles 8 de diciembre de 2004 a las 11 de la mañana con 29 minutos estuve a punto de morirme.

Casi.

Y luego del susto decidí que algún día quería escribirles estas cartas.

Me di cuenta que tenía todo arreglado—un testamento, cuentas de banco, seguros, instrucciones precisas de con quién hablar si yo faltaba—menos lo más importante: un testimonio de cómo sus vidas han afectado la mía y viceversa.

No les había dejado ese mapa vital en que sus caminos se cruzaban con el mío. Y sin él, la vida es más difícil. Tenía que llenar los hoyos negros que nos apartaban.

Esa mañana de otoño no pudo haber sido más normal. Me levanté como cualquier día, te llevé a la escuela, Nico, desayuné (seguramente cereal, como siempre), leí el periódico, revisé mis e-mails, hice un par de llamadas y me preparé para ir al dentista. En la oficina ya sabían que ese día llegaría un poco tarde.

Todo era normal. No había ninguna noticia importante que me requiriera estar temprano en la estación de televisión. Cuando una noticia irrumpe, hay que cancelar citas, romper compromisos, agarrar el pasaporte, apresurar una maleta y correr a la oficina. Nunca sabes cómo será tu vida en la siguiente hora o en el siguiente mes. A veces hay noticias que cambian tu vida para siempre.

Pero, afortunadamente, ese no era el caso aquella mañana de diciembre. No estaba pasando nada importante.

La oficina de mi dentista en Fort Lauderdale queda a unos cuarenta minutos de nuestra antigua casa en Coral Gables y esa mañana iba un poco tarde. No mucho, cinco, diez minutos a lo mucho. Pero odio llegar tarde.

No me gusta robarle el tiempo a los otros ni que me lo roben a mí.

Recuerdo perfectamente que tomé la carretera hacia el norte y manejaba a unas sesenta millas por hora, apretando el acelerador más a fondo cuando no encontraba patrullas de policía a la vista. Esperaba ganar así algunos minutos en el recorrido.

A pesar de llevar más de veinte años en Estados Unidos, nunca han dejado de sorprenderme esas enormes carreteras de tres, cuatro y hasta cinco carriles que se conectan unas a otras con gigantescos puentes a desnivel y que parecen perfectas bandas sin fin. Son unos maravillosos espaguetis de cemento. Cuando no hay tráfico, los límites de velocidad se sienten arbitrarios y dan ganas de romperlos a la primera oportunidad, particularmente si comparas esas carreteras con los caminos llenos de hoyos del lugar donde crecí.

En esas tonterías pensaba mientras me dirigía al dentista. No hay nada más trivial que manejar o que te limpien los colmillos y las muelas tras el típico regaño semianual del dentista por no usar regularmente el hilo dental. A pesar de que no es nada agradable abrirle la boca durante media hora al higienista, el ejercicio estaba muy lejos de ser insoportable. Manejaba despreocupado.

Era una mañana magnífica, con un sol resplandeciente y el típico calor floridano.

Llevaba cerradas las ventanas del auto; aunque aborrezco el aire acondicionado, era la única forma de escuchar bien la radio. Esa es una de las cosas que nunca me gustaron de ese auto gris: no se podían abrir las ventanas sin recibir ventarrones en la parte de atrás de la cabeza, acompañados de un incómodo ruido—*plop*—producido por el vacío que creaba en la parte interior del oído izquierdo. *Plop*.

Estaba escuchando, como de costumbre, el estupendo programa de entrevistas de Diane Rehm en National Public Radio (NPR), pero en una de sus breves pausas bajé la vista para sintonizar una estación de música; ya había oído suficiente del invitado. Además, no podría escuchar la entrevista completa porque estaba a punto de salir de la carretera y llegar a mi destino.

De pronto, antes que pudiera encontrar una canción que me gustara, escuché un fuerte ruido que se acercaba. Era continuo y aumentaba rápidamente de volumen. Por un instante creí que se trataba de la interferencia en la radio al cambiar de una estación a otra.

ShShSHSHSH.

Sonaba como si alguien me tratara de callar. Había dejado de ver la carretera por un segundo, quizás, dos. Pero cuando subí la vista, en ese preciso instante, supe que me iba a morir.

Una vieja camioneta rojo oscuro, tipo van, había perdido el control del otro lado de la carretera y se dirigía directamente contra mi auto. Ya había cruzado los treinta pies de césped que separaban ambas vías de la carretera y ahora venía en sentido contrario a toda velocidad. Calculé que el choque sería brutal—la camioneta viajaba tan rápido como yo—y que ninguno de los dos conductores tendríamos ni la más mínima posibilidad de salvarnos.

Noté que la llanta delantera del lado izquierdo de la camioneta estaba ponchada, lo cual explicaba por qué el conductor no podía controlarla. La camioneta ya estaba tan cerca de mí que pude haber leído sus placas. Sin embargo, me pareció una soberana estupidez pasar mis últimos instantes pensando estas cosas. No podía controlarlo. Mi mente ya no era mi mente. Se me iba.

La aparición de la camioneta en sentido contrario fue tan sorpresiva que ni siquiera me dio tiempo de poner un pié en el freno. Tampoco traté de dar un volantazo: "es inútil," me dije resignado.

ShShSHSHSH.

El ruido, como de un tren a la deriva, ya lo ocupaba todo. No escuchaba la música de la radio. Sin embargo, dentro de mí se creó una calma imperturbable. Supuse que, dada la situación, debería abrir enormemente los ojos y poner cara de horror. Pero mis músculos no reaccionaron. Estoy seguro que si en ese instante hubiera podido verme en un espejo habría encontrado mi cara sin ninguna expresión.

El ruido de la camioneta que se acercaba amenazante se convirtió, de pronto, en un zumbido de abeja.

Ruido por fuera y silencio por dentro.

Silencio total.

Pensé que, con suerte, la camioneta pasaría frente a mí sin golpearme. Pero no. ¡La camioneta venía directamente hacia mí!

Todo esto habrá ocurrido en una fracción de segundo pero lo viví como en cámara lenta. En esa fracción de segundo pude pensar cosas que, en otras circunstancias, habrían tomado diez o veinte o no sé cuántas veces más tiempo. Sentí latir mi corazón dos veces. No sé por qué, pero fueron exactamente dos latidos reventándose como olas contra una roca en la parte superior izquierda de mi pecho, cerca del esternón.

Además, mi sentido de la vista se afinó de inmediato. Lo veía todo. Mucho mejor que con mis lentes para la incipiente miopía. Pero no era yo el que veía. Era alguien dentro de mí viendo a través de los orificios de mis ojos. El que veía acercarse a la camioneta se había separado de mi cuerpo. Veía todo al fondo, a través de dos túneles negros. Mis ojos se convirtieron en telescopios. Nada se me escapaba.

Me di cuenta que se trataba de una camioneta mal cuidada y me dio coraje que me fuera a morir por un "vejestorio." Les juro que lo pensé. La camioneta no tenía su color original, estaba llena de golpecitos y la defensa plateada tenía el lado derecho más alto que el izquierdo. Era muy similar a la de Martínez, el pintor que me había acompañado en varias mudanzas de casa.

Odié ese color rojo; entre morado y violeta. Color de sangre coagulada.

Estábamos a punto de chocar. El conductor de la camioneta no me vio a mí pero yo sí lo vi a él. Era mayor que yo, con el pelo canoso y la piel del cuello colgada. El cuello blanco de la camisa sobresalía del suéter, medio doblado y sucio en las orillas. Lo vi tratar, infructuosamente, de controlar el vehículo pero el movimiento de sus manos sobre el volante no tenía ninguna relación con la dirección que llevaba la camioneta. Parecía un chiste. Movía el volante frustrado, desesperado, hacia un lado y la camioneta se iba para otro. Lo vi moverse muy, muy lentamente.

La camioneta venía hacia mí. Era cuestión de un instante.

Esperé el impacto sin tensar el cuerpo. ¿Para qué? Si de todas formas me iba a morir. Quizás, sin resistirme, dolería menos. Sentí el cinturón de seguridad sobre el pecho. "De nada sirve," calculé.

La camioneta me iba a pegar del lado izquierdo del auto, frente a mí, como si hubiera apuntado a lo lejos... y acertado.

ShShSHSHSH.

Respiré a medio pulmón, sin prisa, parpadeé una vez y el tiempo se volvió a estirar. Me iba sin despedirme de mis hijos. "¿Cómo les van a avisar que me morí? ¿Quién se los va a decir? ¿Qué cenarán esta noche? ¿Cómo será la navidad?"

Y me molestó pensar en el trabajó pero no pude evitarlo. "Me van a esperar en la oficina y no voy a llegar. Me van a llamar al celular y no voy a contestar. ¿Seguirá funcionando el teléfono después del choque?" No podía evitar el pensar en tantas pendejadas. Se mezclaba lo vital—mis hijos, mi familia—con lo innecesario, el teléfono, la oficina, las preguntas absurdas. Mi mente era una pantalla de cine en la que yo no controlaba lo que se mostraba.

Sin desearlo, empecé a recordar las principales imágenes de mi vida. "Eso es lo que les pasa a los que se van a morir," reflexioné. Pero el video de mi vida se quedó atorado en algún momento durante mi niñez, mientras yo jugaba fútbol en el jardín de mi casa.

Era muy extraño: veía claramente la camioneta a punto de golpearme, pero también, había un rollo de imágenes dentro de mi mente que seguía involuntariamente y con absoluta claridad.

Maldije las coincidencias de ese día. "Si me hubiera tardado unos segundos más (o menos) en el baño esto no estaría ocurriendo," pensé. O una cucharada más al cereal del desayuno, un titubeo a la hora de escoger mi ropa, leer dos veces el mismo párrafo en el periódico, cualquier cosa, me hubiera evitado estar en ese instante en ese preciso (y maldito) lugar.

Ya no podía cambiar nada.

Me imaginé el auto destruido—en esas crudas imágenes que muestran por la televisión—y a dos paramédicos levantando un cuerpo cubierto con una manta amarilla y llevándolo, sin ningún sentido de urgencia, a la puerta de la ambulancia.

Ese era yo.

SHSHSHSHSHSHSHSH.

Inexplicablemente la camioneta pasó a mi lado sin golpearme.

Oí ese brutal sonido pero no me llevó con él.

Mi pelo se movió cuando pasó la camioneta junto a mi auto; lo sé, era imposible porque llevaba cerradas las ventanas, pero sentí un aire frío en el cachete izquierdo.

La muerte pasó a mi lado.

El trance terminó. La cámara lenta se aceleró.

Regresé al tiempo real, como de trancazo, pisé el acelerador con el pie derecho, dejando atrás la camioneta descontrolada, y empecé a escuchar una canción en la radio. Se detuvieron bruscamente las imágenes en mi mente.

Busqué a la camioneta en el espejo retrovisor, una Ford Econoline 150, para ver con morbosa curiosidad el inevitable accidente con otro auto. Otro se iba a morir, no yo. Pero la bola roja, cada vez más lejana, se salió del rango de visión.

"¡Ahhhhhhhh!" grité, solo, dentro del auto, con ganas de llorar, mientras pasaba ambas palmas de mis manos sobre mi cara. Sentí mi cara pálida, fría, sin vida, de cartón.

Consideré por un momento el pararme a un lado de la carretera. Vi el reloj. 11:29 a.m. No paré. Seguí manejando, pero muy lentamente. Los brazos y las piernas me empezaron a temblar. Busqué la salida para la oficina del dentista.

"Me salvé de esta," pensé.

No fue así.

No me salvé.

A partir de ese momento, ya nada sería igual.

Paola, Nicolás, algo en mí se rompió ese día.

Esa no fue la primera vez en mi vida en que me sentí en peligro de morir. Pero, por alguna razón, fue muy distinta. Y mucho más intensa.

Cuando me bajé del auto, frente a la oficina del dentista, revisé si había alguna marca de la camioneta. Me pareció que había rozado mi carro. No vi nada y me sorprendió.

Antes de entrar a que me limpiaran los dientes, le tenía que contar esto a alguien. Ya estaba tarde pero no me importó. Llamé a mi amiga y compañera de trabajo, Patsy Loris, a quien ustedes conocen muy bien, y le dije en seco: "estuve a punto de morirme."

Entré a la oficina del dentista y me sometí, gustoso, a la higienista. Que me rasparan los dientes y me sangraran las encías eran inequívocas señales de que estaba vivo. Vivo. El dolor es, también, vida.

Al terminar la sesión, revisando con la lengua mis dientes relucientes, pretendí llevar mi vida normal. Me subí al auto, revisé si tenía algún mensaje en el teléfono celular, prendí la radio. Grave error.

Yo creía que todo iba a terminar en un gran susto. Y ya.

Me equivoqué.

Durante los días siguientes al casi accidente me sentí abrumado, confuso, angustiado. No podía dejar de pensar que había estado a punto de morirme. Algo me apretaba en el pecho, a la altura de la garganta. Era una piedra que se rehusaba a irse con la respiración.

Traté, como en el pasado, de minimizar el incidente. "He pasado cosas peores," me decía, "y esto no tiene por qué afectarme tanto."

No pude.

¿Quieren saber cómo me afectó todo esto?

Muchísimo. Empecé a tomar decisiones que había postergado por años. La más dura, para todos, fue la de divorciarme. Además, busqué ayuda para entender por qué había enterrado mis emociones durante tanto tiempo.

Esto, claro, no ocurrió de un día a otro. Llevaba un buen rato sintiendo que necesitaba un cambio drástico en mi vida pero no sabía, ni siquiera, por dónde empezar.

Comencé por verme al espejo y preguntarme, de verdad, si estaba contento con mi vida. No me pude contestar. Y supe que algo estaba mal. Una vida satisfecha no se oculta.

Comencé por quitarme muchas capas de protección afectiva que había construido larga y cuidadosamente: limpié de ambigüedades, mentiras o malentendidos todas mis relaciones personales. Quizás esto les suene demasiado técnico, pero es una forma de explicarles que me deshice de cargas que en ocasiones me hacían arrastrar los pies y el ánimo.

Algunos que creí amigos y amigas se quedaron en el camino. Tenían una imagen distinta, distorsionada de mí. Pero otros me abrieron su mundo y me aceptaron tal y como soy.

De alguna manera, se muere y se nace todos los días ¿no?

También, me forcé a salir más, a conversar más, a decir lo que realmente pensaba, y me prometí que nunca más volvería a perder el tiempo escondiéndome, traicionando lo que sentía o con una vida doble.

Y déjenme decirles una cosa, Nico y Paoli, no ha sido fácil.

No ha sido nada fácil rehacer la vida a los cuarenta y nueve, ni ponerme en contacto con partes de mí que había enterrado o que daba por muertas.

Lo más curioso de todo es que no fueron mis aventuras en las guerras (que les contaré con más detalle en otra carta) las que me hicieron cambiar mi forma de vivir. No. El cambio vino por esa casi fatídica cita que tuve con el dentista.

La muerte siempre es una posibilidad en la guerra.

Pero no al ir al dentista.

Jamás se me cruzó la idea por la cabeza de que una soleada mañana de otoño mientras iba a una cita con el dentista podría morirme, dentro de mi coche, y dejar de verlos para siempre. Nunca se me ocurrió.

La muerte se esconde en lo más cotidiano. Nunca hay ceremonias y discursos en el momento de la muerte. Esas pueden venir después pero nunca en el preciso instante en que se esfuma la vida.

Se me ocurrió morir en Irak o en Afganistán o yendo a Kuwait o en las montañas de El Salvador o incluso volando a la frontera entre Colombia y Venezuela. Pero no a tan solo unas millas de mi casa.

Creo que en ese instante hice corto circuito. Entré en crisis. Me cuestioné profundamente la manera en que estaba viviendo.

Pronto entendí que esas eran las reglas de la vida y que, lejos de atormentarme, debería sacarle provecho a lo que tenía, disfrutar al máximo mi tiempo con ustedes, con mi familia y amigos, y ser brutalmente honesto conmigo mismo. Había que vivir la vida como viniera, sin tratar de encuadrarla en estrechos esquemas.

Y así ha sido desde entonces.

Tras ese instante tuve una lucidez mental que durante años me evadió. Me di cuenta de que la vida vuela y me dio coraje todos los momentos que había perdido. Tenía que aprovechar mucho más el tiempo con ustedes y tenía que abrirme emocionalmente a todos los que me rodeaban. Era una pérdida de tiempo el guardar mis sentimientos para otra ocasión más propicia. El después no existe.

Y cambié.

Antes, no creo que les hubiera podido escribir estas cartas. Escribo desde un nuevo lugar, interior y exteriormente.

Escribo desde un escritorio que da a la ventana y afuera hay un precioso jardín. Ya no escribo contra la pared, como antes. Escribo con mucha luz natural, sin temores, casi sonriendo.

Y volví a escuchar música. No me había dado cuenta que durante años no lo había hecho. De pronto, algo se abrió en mí, me compré un iPod y me puse a escuchar música como quien busca agua. El poder liberador de la música me alucinó. Empezar a cantar, solo, mientras corría o manejaba, me removió un montón de sentimientos que salían de mi garganta en forma de grito. Descubrí la música, por segunda vez en mi vida—la primera había sido por ahí a los doce cuando aprendí a tocar guitarra clásica—y me alegró todo.

Una cosa es decir que la vida es muy corta y otra estar absolutamente convencido de que eso es cierto. Y cuando vi pasar a la muerte a unos centímetros de la ventana de mi auto, las cosas cambiaron.

Para siempre.

Les puedo decir que estoy mucho más contento, más vivo, que nunca había estado tan consciente de todo lo que tengo y que no hay vuelta atrás.

Además, he aprendido a disfrutarlos a ustedes, mis hijos, en todo momento. Y esa es la mejor recompensa.

Besos, muchos,

Papá.

EL REGALO *del* TIEMPO

A los nietos de mi mamá:

De mi mamá—su abuela Yuyú—aprendí que el tiempo es un regalo. Por lo tanto, ella nos ha llenado de regalos. Yuyú nos ha regalado casi todo su tiempo. Y nos lo sigue regalando. No puedo pensar en una mejor forma de querernos.

¿Se acuerdan del último viaje que hicimos con ella a Colorado? Poco después de levantarnos, ella ya estaba lista en la cocina para vernos desayunar. Luego, la dejábamos sola por varias horas mientras nos íbamos a esquiar. Ella prefirió no esquiar por un problema en sus rodillas. Pero cuando regresábamos, ahí estaba Yuyú: esperando a que le contáramos todo lo que habíamos hecho ese día. Fueron muy pocos los momentos en que no estuvo disponible para nosotros.

Así ha sido mi mamá desde que éramos chiquitos.

De joven nunca comprendí la importancia que tiene y el tiempo que requiere ser una madre (o un padre). Es un trabajo de tiempo completo. Y no lo entendí hasta que ustedes nacieron. Hoy aprecio más que nunca lo que mi madre hizo por mis hermanos y por mí.

No sé por qué tengo tan grabada una imagen de ella, recostada sobre su cama, leyendo. La lámpara sobre la mesita de noche está encendida. Luego entro a su cuarto, me ve, cierra su libro sin pensarlo dos veces y sonríe.

Esa sensación de que su tiempo era mi tiempo me ha acompañado siempre. No recuerdo ni un momento en que haya tratado de hablar con ella y que no estuviera ahí para mí.

Cuando éramos niños, mis hermanos y yo regresábamos de la escuela alrededor de las cuatro de la tarde y al abrir la puerta siempre echábamos el mismo grito: "Maaa, ya llegamos." Y ella, por supuesto, estaba ahí.

Las pocas veces que no estaba en casa cuando regresábamos del colegio nos sorprendía. "¿Pero dónde está mi mamá?" le preguntábamos a la muchacha que nos cuidaba, como si mi madre no tuviera el derecho de hacer sus propias cosas y su única obligación fuera el esperarnos y atendernos.

Crecí con la increíble seguridad de que la presencia de mi madre era una constante. Cualquier cosa podía fallar. Pero no mi mamá. Siempre sabía que mi madre estaría accesible cuando mis hermanos y yo la necesitáramos.

Ahora que lo pienso, me parece una arriesgada apuesta. Ella perdió a su madre cuando era muy pequeña pero, de niño, jamás me cruzó la mente la posibilidad de que ella nos faltara. No. "Eso no le va a pasar a mi mamá", pensaba. Hoy quiero seguir pensando lo mismo.

Mi mamá nos hizo creer a mis tres hermanos, a mi hermana y a mí que su principal misión en la vida—la única realmente importante—era pasar tiempo con nosotros.

Tiempo.

La escritora mexicana Elena Poniatowska supo explicar perfectamente en el libro *Gritos y Susurros* esa obsesión con el tiempo que sufren quienes lo han perdido: "Tiempo, darles tiempo (a mis hijos y nietos, amigos y amigas), quitarle tiempo a mi tiempo, lo único que puedo ofrecerles de mí es tiempo, el que me queda. Quizá no les di suficiente tiempo por andar de escribiente cuando lo que más me importa son ellos, sus deseos, sus fracasos, sus embarazos, sus alegrías, su vida."

Mi madre le quitó tiempo a su tiempo para dárnoslo. Pero, de niño, no supe apreciarlo. Hasta hoy.

Para un niño el tiempo no es importante. Lo que más nos sobra es tiempo. Somos pura promesa. O al menos eso creía. Y pasaba la mayor parte de mi día jugando, estudiando y perdiendo el tiempo. Luego de las largas horas en un colegio que quedaba a una hora de camino de casa, hacía rápidamente mi tarea y salía a jugar a la calle con mis amigos.

Antes salíamos a la calle como ahora un niño va a un centro comercial con juegos de computadoras. Jugar en la calle era lo máximo. La vida ocurría en la calle: el fútbol, los romances, las peleas, los amigos, la organización de las fiestas, la compra de dulces y golosinas… todo pasaba en la calle.

Mientras mi mamá esperaba en casa.

Cuando nos cansábamos de tanto jugar—¿es eso posible—o cuando entrábamos corriendo a la casa para tomar un vaso con agua—o a meterme literalmente al refrigerador para apaciguar los sudores, como lo hice una vez, enfermándome de los pulmones—ahí estaba "la Jechu," como siempre le hemos dicho.

La jefa.

Sí, mamá era la jefa, pero era una jefa benévola.

Desde luego que a veces se enojaba. Pero incluso en sus enojos confiábamos en que sería justa con el castigo. Era frecuente verla más incómoda a ella que a nosotros cuando nos imponía un bien ganado castigo por alguna travesura o mala conducta.

Una vez ¡una sola vez! me dio una nalgada por algo terrible que seguramente hice pero que no recuerdo. Pero eso, poco después, le generó un enorme conflicto interno y me fue a pedir disculpas.

La lección de la sincera disculpa de mi madre por una nalgada bien merecida es imborrable. No, con golpes no se logra nada. Ahora como padre, mi propósito fue nunca, jamás, usar la fuerza o darles una nalgada como castigo o por disciplina. Y lo he cumplido.

Yo sé que hay otros padres que sí están de acuerdo en darles nalgadas o cachetadas a sus hijos para disciplinarlos. Pero yo me opongo rotundamente a esa filosofía. Si les enseñamos a nuestros hijos a usar la fuerza cuando la razón o las palabras no funcionan, estamos promoviendo la violencia para la solución de conflictos. Eso, a mí, me suena a guerra.

Pero la Jechu pocas veces nos castigaba. Casi todo lo lograba hablándonos y por las buenas.

La recuerdo en el ejercicio interminable de recoger cosas. Todo tipo de cosas: ropa, comida, libros, basura, cartas, zapatos… Recaía en ella la tarea de tener una casa ordenada. Pero con cinco hijos que cuidar, nacidos apenas con un año de diferencia entre uno y otro, tener una casa ordenada era una misión imposible.

Sin embargo, recuerdo que esa casa, la casa que cuidaba mi mamá, tenía su orden y nos daba una inmensa sensación de seguridad. Ahí dentro nada nos podía ocurrir. Incluso después de dos robos—uno de ellos fue tan notorio que los ladrones se tomaron algunas botellas de licor y dejaron incompleto un partido de ajedrez—esa casa mantuvo su condición de inviolable.

Ninguno de los robos ocurrió mientras nosotros estábamos ahí. Así que mis padres, a pesar de su obvio nerviosismo, lograron convencernos de que en casa nunca nos pasaría nada. Y así fue hasta que nos fuimos.

Si algo he tratado de copiar de mi mamá, Paola y Nicolás, es su manejo del tiempo. Me gustaría hacerles sentir que pueden acceder a mí en cualquier momento. Pero ahora que soy padre me he dado cuenta de que lo que parecía tan fácil—regalarnos su tiempo—es una de las labores más difíciles en cualquier familia.

¿Cómo hacerles saber que pueden hablar conmigo en cualquier momento si estoy a miles de millas de distancia? ¿Cómo comunicarles ese sentimiento de absoluta seguridad que tuve con mi madre si requiere de una presencia constante y cercana?

Me dirán, estoy seguro, que no dramatice tanto y que para eso están los teléfonos celulares y la Internet. Es cierto. Pero estoy convencido que hay algo muy distinto en los niños que tienen siempre cerca y en persona la voz de sus padres frente a los que deben recurrir frecuentemente a un aparato o a una conexión digital para escucharlos.

Cercanía. Eso es lo que sentía de niño con mi mamá. Una muy cálida cercanía.

Uno de los momentos que más disfruto con ustedes dos es cuando se van a acostar. Independientemente de lo complicado del día o de nuestros humores, ese es el momento en que ponemos todo a un lado y nos hablamos de tú a tú.

Pasarles mi mano sobre su frente y su pelo, antes de irse a dormir y recostados en la cama, se ha convertido en una experiencia maravillosa y reconfortante. Es el momento de mayor paz que puedo imaginar.

Cuando los veo cerrar sus ojos, sé que se han transportado a otro mundo y que esa sencillísima caricia los ha marcado hondo. "Más," me dicen a veces, y soy ahí el papá más feliz del mundo.

Bueno, les tengo que confesar que eso también lo aprendí de mi madre.

En una casa con cinco hijos hay muy poco tiempo para atención personalizada. Casi todo se tiene que hacer en grupo y simultáneamente. Pero cada noche, antes de dormir, mi mamá pasaba a hacernos un cariñito en la frente a cada uno de los cinco. No duraba mucho; mamá tenía que hacer la ronda completa y seguramente estaba agotada por las labores del hogar. Pero esos breves segundos eran, para mí, el clímax del día. La gloria.

Ya despierto, su apoyo nunca me faltó. Igual cuando estudié durante años para ser concertista de guitarra clásica (y que finalmente dejé porque no tenía buen oído y preferí entrar a la universidad) o cuando de adolescente entrené pista y campo para tratar de ir a unas olimpíadas, mi mamá era siempre quien escuchaba primero esa nueva canción que aprendía o la narración de cómo corrí los 400 metros con vallas en medio segundo menos que el mes anterior.

El mejor ejemplo que tengo de su apoyo incondicional fue, sin embargo, cuando yo era mucho más joven.

Durante una época se pusieron de moda en México unos autos de madera, pegados al piso, como de un metro de largo, y que una vez arriba, en cuclillas, uno impulsaba con una de las piernas. Eran muy divertidos. También, uno podía sentarse a manejarlo mientras el otro lo empujaba por la espalda. Todos los niños de mi cuadra querían uno pero, por supuesto, eran demasiado caros. Mis padres, sencillamente, no podían comprarnos uno.

Así que un buen día, en un gesto cargado de frustración y determinación, me propuse construir un auto de madera. Junté patines, llantas de otros autos, escobas, maderas rotas, cordones de todos los colores y me puse a armar el coche con martillo y clavos. El resultado fue un bodrio pero, sorprendentemente, aguantó mi peso y se movía.

Mi mamá, desde luego, me hizo una fiesta. Me hizo creer que se trataba de una obra maestra de la ingeniería y aunque la hechura del auto no duró más de un día, yo me sentí el niño más orgulloso del universo.

Lo mismo ocurrió cuando, a los siete años de edad, me empujó a que pintara un caballo aplicando colores de pintura de óleo a una hoja con figuras numeradas. Cada número representaba un color. En un principio me negué.

"Es muy difícil, mamá," le dije, "yo no puedo pintar un caballo." Pero ella insistió.

Fui pintando el caballo, pacientemente, durante varias noches antes de irme a dormir. Y para mi asombro, la figura de un hermoso caballo pinto empezó a vislumbrase en el cuadro. Mi entusiasmo creció. Una semana después, cuando terminé el cuadro, no podía creer lo que estaba viendo.

Como se imaginarán, mi mamá me hizo creer que, si yo quería, algún día podría dedicarme a la pintura. Desde luego, una absoluta exageración. Pero tengo todavía ese cuadro frente a mí, en mi oficina, y no deja de enorgullecerme.

Esa invaluable seguridad que me transmitió mi madre cuando yo era niño la cargo hoy en día. Es otro de sus regalos.

La felicidad no llega; se busca.

Una tarde, cuando estaba a punto de salir de la casa para jugar en la calle con mis amigos y hermanos, mi mamá me detuvo. La recuerdo ahí, parada, en la puerta de la cocina frente al garaje.

Sonreía pero en su mirada había una ligera señal de desconcierto. Es como si, de pronto, hubiera descubierto algo muy importante y lo tuviera que decir para no quemarse por dentro.

Sin preámbulos ni advertencia, mi mamá me preguntó si yo creía en la felicidad. Así nomás. A mis diez años supongo que me quedé estupefacto. Pero de qué me está hablando mi mamá. Ella, a pesar de mi pasiva y un poco sorprendida reacción, continuó.

"La felicidad está en pequeños momentos," me dijo, "no es permanente."

Ese fue el día, estoy convencido, en que mi mamá despertó. Ese buen día ella supo que el cuento que le habían contado desde chica de que la felicidad era casarse y tener una familia con muchos hijos estaba lleno de huecos. Creo que en ese preciso instante se atrevió a pensar que, como mujer, estaba insatisfecha.

Sí, tenía un marido que proveía y unos hijos traviesos y saludables y una casa. Y eso, en momentos, le generaba felicidad. Pero algo le faltaba. Algo vital. A partir de entonces lo fue a buscar y creo que, todavía, sigue buscando.

Nuestros viajes a China y la India fueron experiencias trascendentales, tanto a nivel espiritual como por lo que nos unieron. Viajar solo con tu madre o tu padre no tiene igual. Se generan lazos y confidencias imposibles de forjar en otras condiciones.

Años más tarde, cuando yo iba a la universidad, ella se inscribió también para tomar unos cursos de desarrollo humano. Me cruzaba con ella en los pasillos de la universidad y no podía dejar de pensar que mi madre estaba viviendo una especie de juventud atrasada. Esa mujer con cinco hijos, casada, apenas con estudios de secundaria, estaba buscando algo y no iba a detenerse hasta encontrarlo.

Mi madre se había rebelado a una vida que no le llenaba.

Por fin mi mamá se estaba atreviendo a preguntarse cosas que durante años las tuvo enterradas. Y luego se sorprenden porque yo hago lo mismo. Debe ser, supongo, un mal de familia.

Hoy sé que mamá está en paz.

Sigue tomando sus cursos—ahora son de música, filosofía y la historia de dios—y se ríe a carcajadas cuando descubre que sus intereses no corresponden a los de una mujer mayor de los setenta años. De ella aprendí que la felicidad viene a borbotones y que cuando no estás a gusto con tu vida hay que rebelarse y romper porque sino te ahogas. Una lección dura pero valiosísima.

"Yuyú, cuéntanos una historia verdadera," le dijiste hace poco a tu abuela, Nico.

Y ella buscó en su amplio repertorio de anécdotas familiares la que mejor se aplicaba a ese momento. Era una historia de las travesuras de tu tío Alejandro cuando era niño. Y tú, feliz, la escuchaste casi sin parpadear. Así ha sido siempre.

Mi mamá es la operadora central que conecta todas las líneas de la familia. Ella va tejiendo suave, sutilmente, la información que recoge de todos sus hijos y nietos y luego la reparte con generosidad y cuidado.

Se trata de conectar, no de causar daño. Casi nunca escucharán en sus relatos familiares algo que hiera. Sabe que las cosas que se dicen en familia tienen mucho más peso.

Una palabra mal puesta puede destruir o enfriar las relaciones familiares por años. Un insulto de un extraño molesta y se contesta. Pero un insulto de un hermano o de un familiar cercano puede hacerte pedazos de por vida.

Yuyú le hace saber al que se fue de viaje de lo que hizo el que se quedó y viceversa. Es, también, el calendario infalible de los cumpleaños. "Hoy es el cumpleaños de Ger," avisa. "No te olvides de llamarlo."

Pero la especialidad de Yuyú son las "historias verdaderas." Son esos cuentos que nos han marcado como familia. Casi siempre generan curiosidad y asombro. Como el día en que mi hermano Eduardo, mientras jugaba fútbol americano, estrelló su nariz contra la parrilla de un auto estacionado. O la tía a la que se le hizo chiquito el cerebro. O el aventurero tío Armando que una vez se tiró del trampolín a una piscina sin agua.

Desde luego, entre las "historias verdaderas" siempre cuela cositas para que sepamos más de ella. Es, también, una forma de acercarse. Me sigue doliendo cuando nos cuenta sobre el día que murió su mamá tras una larga batalla contra el cáncer; ella era aún una niña y en la confusión del momento nadie le avisó lo que había ocurrido. Eso la marcó. Por mucho tiempo fue una niña invisible.

Pero no todo es tragedia. También suele recordar un largo y feliz viaje que hizo con su padre por España y que alargó durante semanas ante la sorpresa y enojo de mi padre. Fueron sus primeras expresiones de rebeldía ante un estilo de vida que otros escogieron por ella.

El valor de las "historias verdaderas" radica, no sólo en su contenido esencial—le han dado continuidad y contexto a nuestras vidas—sino en que también aprendí una manera de contar las cosas. Supongo que estas cartas son mis propias "historias verdaderas."

He tratado de aprender de ella, también, esa sensibilidad para ponerse en el lugar del otro. La historia, el cuento, la narración son, finalmente, para que el otro la escuche. ¿O no? Hace poquito me llamó para avisarme que un muy buen amigo de la familia había muerto. Pero en lugar de decírmelo de sopetón, primero me contó que había visto a los hijos de este gran amigo y ya luego, medio preparado, me soltó muy suavecito la noticia de su muerte. No había duda: aún a mis casi cincuenta ella sigue pensando, primero, en mí. A esta edad todavía me anda cuidando. Y eso me desarma.

Una vez, cuando era todavía un adolescente, mi mamá me recomendó leer todos los días los editoriales y las columnas de opinión del periódico. "Ahí te vas a enterar de todas las cosas importantes que están pasando."

El ejercicio no fue fácil. La prensa mexicana de los años setenta era muy rebuscada, temerosa y timorata. Y las editoriales y las columnas del periódico *Excelsior*, que leían mis papás, estaban llenas de secretos y frases codificadas. Había que leer entre líneas para entender realmente qué es lo que quería decir el periodista. Escribir en un lenguaje directo y criticar a la autoridad no era la norma. Pero aprendí a disfrutar esas editoriales con mensajes escondidos, unos semisubversivos y otros no tanto.

Décadas después sería yo el editorialista que escribiría columnas de opinión. No deja de llamarme poderosamente la atención el enorme impacto que el simple comentario de una madre puede tener en el futuro de su hijo.

"No tienes que ser político para tratar de cambiar el mundo," me dijo una vez. Y fielmente he seguido su consejo.

De mi mamá aprendí a siempre escuchar antes de hablar, a entender el poder de una mano suave sobre la frente, a contar "historias verdaderas," a leer editoriales en el periódico, a luchar por lo que quiero y a resignarme a que la felicidad viene sólo por momentos y luego, *puf*, desaparece.

Paola y Nicolás, Yuyú no es una feminista pero, a su modo, cambió a su familia, a sus hijos y su destino. Ella es una mujer de su tiempo. Empezó tarde pero se aplicó y desde que dejó de parir no ha parado en ir al ritmo del mundo.

Es una viajera incansable—me acaba de hablar para decirme que se va sola al norte de España—pero, más que nada, es la mejor compañera de viaje que hubiera podido desear un hijo.

Yuyú está en el tiempo. Y por eso sabe que el mejor regalo del mundo es dar su propio tiempo a los demás.

Los quiere un chorro, el hijo mayor de Yuyú.

LO QUE APRENDÍ *en las* GUERRAS

A quienes más quiero, Nico y Pao:

Miren como son las cosas. El mejor baño que he tomado en mi vida fue en el mugroso hotel Singhar, en la ciudad afgana de Jalalabad, en medio de la guerra. Podría decirles que fue en algún lujoso *spa* de Nueva York, el caribe, Los Cabos o Bangkok. Pero no. Fue en Afganistán.

Mi viaje a Afganistán en diciembre del 2001 fue una de esas grandes estupideces que suelen hacer los periodistas cuando no se resisten las ganas de ser testigos presenciales de una guerra. Viajé solo a la zona de guerra y me arrepentí desde el momento que crucé a empujones la frontera de Torkham, entre Paquistán y Afganistán. Arriesgué mi vida—y su futuro—e una forma muy tonta.

Nunca lo hemos platicado antes. Es uno de esos temas que no suelen surgir después de un partido de fútbol o de una noche de cine.

Pero lo que sí recuerdo con absoluta claridad es que, después de haber cometido el grave error de ir solo a la guerra de Afganistán, fueron ustedes dos los que me mantuvieron alerta para no perder la vida.

Me fui solo porque el mundo estaba cambiando ahí y en la televisora habían decidido no enviar a nadie. Así que pedí vacaciones y emprendí un extrañísimo viaje. Es difícil explicarle a quienes no son periodistas lo que nos atrae a zonas de conflicto. Los reporteros queremos ir a los lugares que el resto del mundo trata de evitar. Y ¿saben qué? Lo increíble es que lo disfrutamos. Es frustrante para cualquier perseguidor de noticias el estar lejos de los lugares donde se transforma nuestro planeta.

Afganistán era, en esos momentos, uno de los lugares más peligrosos del mundo. Y yo quería ser testigo. Siempre me he resistido a ser un reportero de oficina. Pero nunca dejé de pensar en ustedes dos. Curiosamente, pensaba mucho más en ustedes en Afganistán que cuando estaba en Miami.

"Tengo que salir de aquí para ver a mis hijos," pensaba todo el tiempo. "Tengo que volverlos a ver."

Les cuento la historia de este viaje que estuvo a punto de ser mi último.

Quería llegar a las montañas de Tora Bora, cerca de Jalalabad, donde el ejército norteamericano buscaba al líder terrorista Osama bin Laden, responsable por los ataques a las torres gemelas de Nueva York y al Pentágono del 11 de septiembre de ese mismo año. En ese momento Estados Unidos tenía el apoyo de una buena parte del mundo. Años después, todo sería diferente.

Para llegar a Jalalabad primero había que recorrer una tortuosa carretera paquistaní. Me emocionaba saber que iba a pasar por el desfiladero de Khyber, siguiendo la misma ruta de Marco Polo en 1275. Cada momento era una lección de historia. Esta, sin embargo, cargaba un buen riesgo.

Un mes antes cuatro periodistas habían sido asesinados en una carretera afgana para robarles su dinero y, sinceramente, me aterraba la idea de correr la misma suerte. Las tarjetas de crédito no servían en esa parte de Afganistán.

A través de mi guía paquistaní, Naim, contraté por cien dólares a tres guerrilleros—bajo las órdenes del jefe tribal de la región, Haji Zaman—y nos subimos a una vieja camioneta Toyota para recorrer las cuarenta y nueve millas de la frontera afgano-paquistaní a Jalalabad. Pero a los pocos minutos del recorrido pasé el susto de mi vida.

Yo iba sentado en la parte de atrás del vehículo, con un guerrillero a cada lado. Kafir, de unos veinte años de edad, jugaba con su fusil Kalashnikov, y entre los brincos de la camioneta por el pésimo estado de la carretera, lo apuntaba directamente a mi barbilla. El peligroso juego parecía divertirle.

"¿Qué hago aquí?" pensé. "Si algo me pasa nadie se va a enterar."

Las cosas se complicaron cuando, en voz baja y en un inglés muy rudimentario, Kafir me dijo que él era un seguidor de Osama bin Laden. Mi primer impulso fue de salir corriendo de ahí pero tenía a los dos milicianos a mis lados y, aún si pudiera bajarme de la camioneta, temía recibir un balazo en la nuca. Y todo para robarme los dólares que llevaba en efectivo (y de paso matar a otro invasor occidental).

En realidad no era una sorpresa que en Afganistán hubiera combatientes de la organización terrorista Al-Qaeda y colaboradores del gobierno talibán. Unas semanas antes de mi viaje, esa era la norma. Tras los primeros ataques del ejército norteamericano, las cosas cambiaron. Pero no tan rápido. Y lo que me dijo Kafir era el mejor ejemplo de que las primeras bombas no necesariamente habían cambiado las mentes.

El estómago se me contrajo, Paola y Nicolás. Lo oía con claridad y lo sentía moverse. Sudaba copiosamente a pesar del frío invernal, y se me ocurrió decirle algo a Kafir que, creo, me salvó el pellejo.

Le dije que si él me cuidaba yo lo cuidaría a él. Nunca dejé de pensar en los cuatro periodistas que habían muerto en noviembre de 2001 y experimenté en carne propia lo frágil que era la vida en esos días en Afganistán.

Kafir, de pronto, entendió que mi propuesta significaba dinero para él y dejó de apuntarme el rifle a la cara. Todo este intercambio ocurrió sin que se dieran cuenta, aparentemente, los otros dos guerrilleros y mi guía. Pero me parecía que un juego tan burdo y letal no podía ocurrir sin la complicidad de los otros pasajeros. Kafir dejó de hablar sobre Osama y yo me quedé callado durante el transcurso del viaje.

Una amiga productora, que me ayudó a contactar a un guía en Paquistán y a la gente de CNN en Afganistán, me dio, antes del viaje, un consejo valiosísimo. "No lleves billetes muy grandes," me dijo. "Lleva, mejor, muchos billetes de un dólar." Y a pesar del bulto que creaban, eso hice.

Al llegar al hotel en Jalalabad donde se estaban quedando los corresponsales internacionales, Kafir me hizo una señal con su rifle para bajarme de la camioneta y seguirlo. Pero yo sólo me aventuré a ir a unos pasos del auto. Aún no estaba a salvo pero me sentía relativamente protegido por los periodistas que, suponía, estaban dentro del hotel.

Sin sacar el fajo de billetes que llevaba en una bolsita pegada al cuerpo, conté quince a ciegas y se los ofrecí a Kafir. Eran sólo quince dólares. Kafir los tomó y los observó con cierta curiosidad. Creo que nunca en su vida había visto tantos billetes de un dólar. Sin decir nada, bajó la mirada y luego apuntó con sus ojos la entrada del hotel. Interpreté su gesto como el permiso para dejarme ir y rápidamente cogí mi maleta y entré al lobby. No me atreví a voltear.

Mi vida en Afganistán valía tan solo quince dólares.

En ese momento, ya estaba más que arrepentido de haber viajado solo a Afganistán. Me sentí muy tonto por no haber medido correctamente los riesgos antes del viaje. El riesgo era altísimo y mi trabajo ni siquiera había salido por televisión. Es más, muy pocas personas sabían que yo estaba ahí y mucho menos de los peligros que estaba viviendo. Este viaje, quizás, ocuparía algunas páginas de la autobiografía que estaba por escribir. La apuesta no me salía; no valía la pena morirse o resultar herido por unas pocas hojas de un libro.

Además, me parecía tan absurdo que la vida valiera tan poco en esa zona de guerra y me remordía la conciencia que por una imprudencia dejara un enorme hueco en sus vidas, Pao y Nico.

Un niño, pensaba, quiere a su papá presente. Me imaginaba sus caras al tener que explicarles a sus amigos que su papá había muerto en una guerra.

Es el vacío lo que más duele cuando perdemos a un padre. Es esa ausencia imposible de llenar. Es esa llamada que no encuentra a nadie del otro lado.

Pero ya estaba ahí y me propuse que mi misión, más que de periodista, iba a ser sobreviviente. Salir vivo. Eso era todo lo que yo quería en ese momento. Había cometido un grave error al ir solo pero no cometería dos.

Una vez que llegué a Afganistán y sentí lo frágil que era ahí la vida humana, hice un plan para regresar lo antes posible a Paquistán y luego a Estados Unidos. Pero me tardé varios días en lograrlo.

Las noches en Afganistán las pasé casi en vigilia. Dormía sin dormir, consciente de cualquier ruido o movimiento a mi alrededor.

Era ultrasensible a todo lo que me rodeaba. Ahora entiendo que mi única tarea fue sobrevivir a cualquier costo para volver a verlos.

Una vez más, ustedes, Paola y Nicolás, me sacaron adelante.

Los días posteriores a mi llegada fueron sumamente largos. Larguísimos. Me sumé a una caravana de periodistas de la cadena CNN que iba de Jalalabad a las montañas de Tora Bora, donde se realizaban los combates más intensos. Camino a Tora Bora vi a los niños más pobres del mundo, con caras de lodo-cartón, en duros e inhóspitos paisajes que parecían haber salido de la biblia.

La búsqueda de Osama bin Laden estaba en todo su apogeo. La cadena de televisión hizo su campamento en una casa abandonada cerca de un tanque descompuesto. Ese tanque se convirtió, para los televidentes norteamericanos, en un punto de referencia durante la guerra. Era el mismo tanque que yo vi por televisión el día de *Thanksgiving* cuando decidí irme a Afganistán.

En una guerra las cosas más sencillas y triviales toman una dimensión muy distinta. Los chocolates que llevaba en caso de hambre me sabían deliciosos y los repartía a lo largo del día como si fueran premios bien merecidos. El gesto de un corresponsal español que me prestaba un par de veces al día su teléfono satelital para que informara en casa que estaba bien me pareció en ese entonces digno de un hermano. Y todavía hoy se lo agradezco. Y las pláticas llenas de humor y optimismo que tenía con la periodista de CNN, Brianne Leary, durante los momentos más tensos de la guerra me ayudaron siempre a distraerme y a concentrar mis pensamientos en algo distinto a la muerte. (Brianne, quien vive en Nueva York, me sigue enviando cada año unas hermosas tarjetas de navidad con motivos afganos. Los ingresos de la venta de esas tarjetas van directamente a un grupo que ayuda a mujeres afganas.)

Después de esa experiencia he tratado de apreciar y agradecer todas las cosas, hasta las más pequeñas; vivir como si estuviera en una zona de guerra. Me he vuelto, creo, más sobrio pero, a la vez, menos preocupado por los bienes materiales. Y eso lo aprendí en la guerra.

Además, quién hubiera pensado que en esa zona de guerra iba a darme el mejor baño que yo recuerde. Había decidido no arriesgarme más y no regresé a la zona de combates. Así que esa mañana decembrina, con un sol a todo su esplendor, me quedé solo en el hotel. Los otros corresponsales salieron muy temprano a las montañas de Tora Bora.

Veía las cosas con cierto optimismo. Al día siguiente había conseguido regresar a Paquistán con un grupo de periodistas. No quería repetir la terrible experiencia de mi llegada.

Durante varios días—podían haber sido cinco o seis—no me había bañado y no pensaba hacerlo hasta salir de Jalalabad. Pero otro periodista me confió, como un gran secreto, que en el segundo piso del hotel había una regadera donde salía agua caliente. Escogí la ropa que estuviera menos sucia y salí a buscar la bendita regadera. Y la encontré.

Abrí una de las manijas y salió un maravilloso y humeante chorro de agua caliente. No lo podía creer. Me desnudé rápidamente y me metí al agua. *Ahhh*. El cuarto del baño, sobra decir, era un asco. Pero ese pequeño espacio donde yo me bañaba fue mi paraíso personal. A lo lejos, a través de una ventana rota, podía ver las montañas que rodeaban a la ciudad y el ruido del agua al caer ocultaba el sonido de los aviones bombarderos B–52 de la fuerza aérea norteamericana.

Me quedé sin moverme, con ambas manos pegadas al pecho, durante unos diez o quince minutos. Sentía que todos mis temores se iban con el agua por la coladera. Ahí, por un momento, no necesité nada más.

Cuando el agua se empezó a enfriar—seguramente usé toda el agua caliente del hotel—apagué la regadera y usé una sucia camiseta blanca como toalla.

"Ya es momento de regresar a casa," me dije con absoluta convicción, mientras me secaba el pelo.

La guerra es el fracaso.

La guerra es la absoluta confirmación de que fallamos, de que no pudimos conversar, de que no somos tan listos como pensamos, de que no hemos aprendido de los que pelearon (y murieron) antes que nosotros.

La guerra es el sin sentido, mis hijos.

Me ha tocado estar en cinco guerras—El Salvador, Kosovo, la del golfo pérsico, Afganistán e Irak—y les aseguro una cosa: no hay guerra buena.

Una de las cosas que más impresiona en cualquier campo de batalla es el aislamiento de los combatientes. Parecen no ver más allá de sus odios (aprendidos o heredados) y de la mira del fusil; se comportan como si estuvieran en una burbuja. El mundo exterior desaparece; lo único que importa es acabar con el enemigo.

La guerra obliga al soldado, al guerrillero, al miliciano, al terrorista, a borrar el antes y después. Te mato o me matas. El que está frente a ti no es un padre, ni un hijo, ni amigo de nadie. Lo despojas de su entorno porque, si no, no lo puedes matar. ¿Cómo matar a un padre pensando en que dejarás huérfanos a sus hijos? ¿Cómo matar a un hijo considerando el dolor de sus padres?

No hay nada más peligroso que dividir al mundo en blanco y negro, en buenos y malos. Los gobernantes que piensan así son los *cowboys* del poder. Hasta los más tontos se sienten superiores a los demás. Y eso genera, siempre, enfrentamientos.

Por eso las guerras motivadas por la religión son tan cruentas;

tu salvación depende de la destrucción del otro. Matar por amor a un dios o por orden divina es una vil contradicción.

Hay un extraño sentimiento de inevitabilidad en la guerra. De que esto no se puede parar hasta que el otro desaparezca. Todos los posibles argumentos se reducen a uno solo: matar al que me quiere matar.

Una de las mayores injusticias de las guerras es que los que luchan, generalmente, no son los mismos que dan la orden de luchar. Si todo presidente que iniciara una guerra tuviera sus hijos en el frente de batalla, habría mucho menos guerras.

Y les cuento, Nicolás y Paola, dónde aprendí esto.

Subí a las montañas que rodean San Salvador, a mediados de los años ochenta, a entrevistar a los guerrilleros que luchaban contra el gobierno derechista. Íbamos a ver a los "muchachos." Así los llamaban los campesinos del área, que los acogían y protegían. El problema es que, en realidad, se trataba de muchachos.

No les pude quitar el ojo a unos niños de doce o trece años. Hacían sus entrenamientos militares con una seriedad que rayaba en lo ridículo. Les estaban enseñando a matar. Y no hay nada más serio que un adolescente o un niño serio.

La simple idea de que cualquiera de ustedes dos estuviera escondido en una montaña, con un rifle al hombro, me parece impensable. Pero para muchos niños esa es la realidad de todos los días.

Los cuerpos, delgados y camaleónicos de estos niños-soldados se perdían entre los árboles de la montaña mientras pasaban los helicópteros militares. Yo vibraba de miedo con el ruido de las hélices.

"Un movimiento en falso," pensaba, "y nos llenan de huecos."

Pero los muchachos no se movían; se habían convertido en la montaña.

Si alguien—cualquiera—hubiera visto a esos niños guerrilleros, pararía la guerra. Eso quería pensar. No era posible soportar el espectáculo de ver un niño dispuesto a morir por una causa que no entendía. Pero nadie los vio, como yo en esa montaña, y la guerra continuó. Decenas de miles murieron y nunca supe qué pasó con ellos.

Fue precisamente en la guerra de El Salvador cuando por primera vez recé por miedo. Y ha sido la única.

Algunas veces, cuando era niño, rezaba antes de dormirme. Pero lo hacía mecánicamente, casi como un arrullo. En la escuela primaria, cuando los sacerdotes católicos nos obligaban a ir a misa los viernes, también rezaba. Por obligación. Y cuando ya no tuve que rezar a la fuerza, dejé de rezar.

Yo sé que ustedes a veces rezan. Me parece bien. Cada quien se debe agarrar de lo que pueda. Y si eso les da paz interior o cierta tranquilidad, cuánto mejor. Pero nunca recen como yo lo hacía de niño: por la fuerza y por miedo.

Bueno, regreso con mi historia.

Era un domingo de elecciones a principios de 1989 y me sorprendió en la calle un fuego cruzado entre el ejército y la guerrilla. Salí corriendo de la camioneta, donde viajaba con la productora Sandra Thomas y el camarógrafo Gilberto Hume, y me escondí en una casucha.

Mala hora.

Los helicópteros del ejército probablemente nos confundieron con guerrilleros vestidos de civiles y nos empezaron a disparar desde el aire con sus ametralladoras. Las balas pasaban muy cerca y sus cartuchos caían sobre el techo metálico. Tenía pánico.

"No me quiero morir," repetía. "No me quiero morir." Me parecía muy absurdo—no sé por qué lo pensé en ese momento—

morirme tan temprano. No habían dado ni siquiera las siete de la mañana.

Me pegué lo más cerca posible de una de las paredes de la humilde casa donde nos refugiábamos y empecé a rezar. No fue ni un padre nuestro ni un ave María. Fue algo así como un pedido a dios para no morirme ese día en ese momento. Ahí mismo el rezo me pareció inútil. ¿Cómo unas palabras van a desviar una bala? Pero seguí: la repetición me ayudó a calmarme un poco.

Fueron veinte minutos de horror. Sentí por primera vez ese miedo animal del que está a punto de morir. El estómago te vibra y las extremidades tiemblan fuera de control; la quijada choca contra los dientes de arriba y no puedes hablar. Por muchos años había querido ser un corresponsal de guerra, pero en mi bautizo casi me ahogo.

Y luego me sentí hipócrita. Nunca he sido una persona religiosa y claramente me había puesto a rezar por desesperación. Recé sin estar convencido de lo que estaba diciendo y pidiendo. Igual que cuando era un niño en la escuela primaria. Era un simple merolico repitiendo cosas que nunca entendí. Me incomodaron tanto el horrible descontrol de sentir miedo como mi debilidad al rezar en el que, pensé, podría ser mi momento final. Me reconocí asqueado.

No lo he vuelto a hacer. No he vuelto a rezar. Hay que ser congruente hasta el fin.

No creo que los seres humanos tengamos un destino. Tampoco creo que algo o alguien decide cómo y cuándo morimos. No creo nada de eso. Ni en milagros.

La vida y la muerte son aleatorias, circunstanciales. Un espermatozoide—uno en millones—que se cruza con un óvulo; una bala que se desvía un milímetro. De eso depende vivir o morir. De nada más.

Al regresar por la tarde al hotel me enteré que ese mismo día habían muerto tres periodistas. Me salvé.

El tema de la guerra y de su aparente inevitabilidad siempre me ha fascinado, Paola y Nico. Y he leído un montón al respecto.

El científico Albert Einstein, en una carta que le envió en 1932 al creador del sicoanálisis, Sigmund Freud, le hace una pregunta clave: "¿Hay una manera de liberar a los seres humanos de la fatalidad de la guerra?"

Freud, buscando respuestas, le contestó que "sólo será posible con seguridad evitar las guerras si los seres humanos se ponen de acuerdo para establecer un poder central, al cual se conferiría la solución de todos los conflictos de intereses." Freud escribió esto trece años después de la creación de la Sociedad de Naciones y trece años antes de que se inventara la Organización de Naciones Unidas. Ninguna de las dos ha podido evitar las guerras.

Fin del primer argumento.

Esto es para que lo platiquemos después Paoli, ya que estás estudiando ciencias políticas. La guerra, para ti y para tu hermano, será una constante en sus vidas. No lo fue cuando yo era niño. Es decir, su vida será mucho más difícil que la mía.

¿Cómo detener las guerras? Freud le decía a Einstein que para detener las guerras es preciso tener una "actitud cultural (antibélica) y el fundado temor a las consecuencias de la guerra futura." Y esto requiere de nuestra atención y de una buena plática ¿no creen?

Quiero enseñarles, Paola y Nicolás, que las guerras no solucionan nada.

Hay sociedades enteras que están convencidas de este principio pacifista. Pero este principio tiene que ir acompañado de una forma de vida congruente: sin violencia doméstica, sin castigos corporales de padres a hijos—una nalgada o una cachetada es una batalla intrafamiliar—sin acceso a juegos de videos que den puntos al que degolla la cabeza del enemigo digital, sin la exaltación del uso de armas de fuego, sin la satisfacción del que va de cacería, sin los gritos e insultos que matan la autoestima.

La guerra (y la paz) se enseña en casa.

Jamás me atrevería a darles una nalgada o una cachetada. Nunca lo hice y nunca lo haré. Estoy convencido que hay otras formas menos hostiles de disciplinar a nuestros hijos. Por más mal que se porten, nada, nunca, justifica un golpe.

Además, para un padre golpeador o una madre golpeadora es muy fácil cruzar la línea que separa un castigo corporal de una lesión, física y sicológica, con repercusiones negativas a largo plazo.

Los soldados del futuro aprenden de sus padres y dentro de sus familias que la violencia es un medio legítimo para resolver conflictos. La guerra no es, para ellos, el último recurso sino una forma de ser.

Una "actitud cultural" antibélica sólo se puede aprender en casa y en una sociedad que refuerce el valor de la negociación y el diálogo sobre el enfrentamiento y la falta de tolerancia.

Para terminar una guerra es preciso hablar con el enemigo. Y eso resulta casi impensable para el combatiente. Es preferible matarlo. El diálogo es siempre la primera víctima de la guerra.

Pero si no podemos inculcar una actitud antibélica por las buenas, al menos generemos temor—terror—por las guerras. De hecho, no estoy de acuerdo en censurar por televisión las imágenes de la guerra.

Hay varios ejércitos que tienen como política evitar que los cadáveres de sus soldados caídos sean filmados o fotografiados. La regla tiene un doble fin: evitar un dolor extra a sus familiares y no afectar negativamente el posible apoyo a la guerra entre la población, ni el estado de ánimo de los combatientes.

Sin embargo, yo creo que si durante una guerra viéramos llegar todos los días los cadáveres de los soldados, esto ejercería una enorme presión sobre los políticos y los obligaría a llegar a una solución negociada y no militar.

Esto es particularmente cierto en Estados Unidos. Desde la guerra del golfo pérsico nos hemos acostumbrado a ver por televisión "ataques quirúrgicos," asépticos, filmados desde el aire, que nos evitan ver las verdaderas y sangrientas consecuencias de los bombardeos. Las imágenes de los ataques aéreos en Kuwait, Afganistán e Irak parecían, mas bien, sofisticados juegos de video por computadora.

Estoy seguro que si los norteamericanos y los británicos hubieran visto llegar por televisión los cuerpos de sus miles de soldados muertos en Irak o los videos de las decenas de miles de civiles iraquíes que, según las Naciones Unidas, murieron sin deberla ni temerla, esa guerra habría tomado otro rumbo. Rápidamente.

No todos los muertos son iguales. En una morgue de la ciudad de Kuwait vi perfectamente alineados, refrigerados y sobre unas placas metálicas, a los kuwaitíes que murieron tras la invasión iraquí de 1990. Eran tratados como muertos de primera clase.

A un lado estaban amontonados, con un brazo salido por aquí y una bota colgada por allá, los cadáveres de los soldados iraquíes que murieron luego de la liberación. Los dejaron pudrirse.

El olor fue tan fuerte y desagradable que impregnó toda mi ropa. La tiré poco después de llegar al hotel.

Unos días antes de la llegada de los norteamericanos a Kuwait, el panorama era exactamente el opuesto. Los muertos iraquíes eran refrigerados mientras que los cadáveres kuwaitíes se pudrían en una esquina. Incluso en la muerte, todo depende de las circunstancias.

La guerra es algo brutal. Por lo tanto, la cobertura de una guerra debe ser, también, brutal. Debe hacer vomitar al que la ve. Debe revolver los intestinos hasta que obligue a apagar el televisor y provocar las peores pesadillas. Debe perturbar hasta el grado de decir: ¡basta ya!

Si tú te conviertes en periodista, Paoli, acuérdate de esto.

"El fundado temor a las consecuencias de una guerra futura," como escribió Freud, es algo que, quienes trabajamos en los medios de comunicación, tenemos la obligación de difundir. Es la gran ironía: cubriendo la guerra en su verdadera dimensión—y no en la esterilizada y deshumanizada manera en que los líderes políticos desearían—es como contribuimos los periodistas a que no haya más conflictos bélicos en el futuro.

Les mentiría si les dijera que no he pasado buenos momentos cubriendo guerras. Eso me recuerda una frase de la escritora Nora Ephron que decía que "la terrible verdad es que, para los corresponsales, la guerra no es el infierno. Es algo divertido."

Bueno, yo no iría tan lejos. Mis hijos, cubrir una guerra nunca es algo divertido. La constante presencia de la muerte lo evita. Pero una bala que pasa cerca o un bombazo a lo lejos sí tiene esa cualidad de amarrarte al presente. El instinto de sobrevivir te tiene el corazón a sobre marcha. La adrenalina prohíbe el más mínimo deseo de descansar o cerrar los ojos. Todo se ve y se escucha con más claridad. La guerra te droga, te pone en un estado de hipersensibilidad. Y eso, no miento, genera un cierto placer.

Durante mi breve estancia en Afganistán pasé una semana casi sin dormir y no recuerdo, nunca, haber estado cansado. Eso no es normal.

Obviamente, Pao y Nicolás, no soy el único que piensa así.

El veterano de muchas guerras, H.D.S. Greenway se preguntaba: "¿Por qué los periodistas buscan ir a la guerra? ¿Es por el glamour, la aventura o la adrenalina? ¿Es el deseo de tener un lugar de primera fila en la historia? ¿Es su deber público, una forma de avanzar profesionalmente?" Y su respuesta es contundente: "Es todo lo anterior…"

¿Por qué ir a una guerra? Porque ahí he conocido lo mejor y lo peor de los seres humanos. Porque ahí me he probado a mí mismo. Porque ahí supe cuáles eran mis verdaderos límites.

Además, no me lo puedo perder. Es mi trabajo y mi pasión. Quiero verlo para contarlo.

En las guerras he hecho a algunos de mis mejores amigos. La solidaridad que se cementa en los momentos más dramáticos no tiene par. Esa es una de las pocas cosas buenas de la guerra.

Varios viernes al mes salgo a comer con mis amigos, el productor Rafael Tejero, y el camarógrafo Jorge Soliño. Nos reímos mucho, nos contamos los asuntos más confidenciales y, frecuentemente, recordamos los días que pasamos juntos al principio de la guerra en Irak en marzo de 2003. Ustedes los conocen muy bien; son los que están conmigo en esa fotografía vieja que tengo en la oficina. Sí, es la del marco negro que está junto a las de ustedes.

Ya ha pasado mucho tiempo pero, de alguna manera, solo nosotros tres podemos entender en toda su dimensión lo que vivimos esos difíciles días en Irak. Sin ningún tipo de protección, y siguiendo a un convoy que llevaba comida a los iraquíes, nos colamos de Kuwait a la población fronteriza de Safwan. Y por un buen rato caminamos por las calles del pequeño poblado, entrevistando a iraquíes y viendo pasar tanques norteamericanos hacia el interior de Irak.

Viéndolo en retrospectiva, fue una locura. Soldados y seguidores de Saddam Hussein seguramente estaban mezclados con la población civil y nos expusimos inocentemente a recibir un balazo. O a que una turba nos aniquilara a golpes y nos robara la costosa cámara. Pero no pasó nada.

Nuestro traductor kuwaití se negó a entrar con nosotros a Safwan, así que nos fuimos solos. Muchos corresponsales de guerra acompañaban a las tropas norteamericanas, mientras otros hacían valiente guardia en Bagdad, la capital que aún no había sido liberada. Pero nosotros queríamos ser de los primeros periodistas en entrar a Irak independientemente y reportar desde ahí la llegada de los soldados estadounidenses. Y a pesar del riesgo, lo logramos.

Lo que reportamos ese día—que los soldados estadounidenses no fueron recibidos con flores y música por los iraquíes, que fue un recibimiento hostil—era una clara señal de lo que estaba por venir. Y nadie nos puede quitar ese pequeño triunfo periodístico. ¿Valió la pena el riesgo? Imposible saberlo.

Si uno de nosotros hubiera resultado herido o muerto, la respuesta sería un inequívoco no. De nada sirve un periodista muerto. No hay ninguna noticia que valga la pérdida de una vida. Pero como todo salió bien, la experiencia y el miedo compartido nos unieron a los tres.

Les tengo otra anécdota que refleja cómo en la guerra se hacen grandes amistades.

Días después de nuestra incursión a Irak, un misil cayó en un centro comercial de la ciudad de Kuwait donde habíamos estado dos horas antes. A pesar de que no hubo muertos, el misil hizo explosión muy cerca del lugar donde habíamos cenado hamburguesas y helado.

Ya en el hotel, nos bajamos una botella de whisky (que nunca me ha gustado) para espantar los nervios.

No hay nada como enfrentar tu propia mortalidad rodeado de amigos. Eso no se olvida. Nunca. Nos cuidábamos en la guerra como si fuéramos hermanos.

Y en casa, por más que explicáramos con lujo de detalle lo que nos pasó en Irak y en Kuwait, nadie más que nosotros lo entendía en su cruda totalidad. Por eso salgo a comer con mis amigos casi todos los viernes.

Las amistades que se hacen en la guerra (y en los momentos más difíciles) son, creo, para toda la vida.

Jehona se parecía mucho a ti, Paoli.

Ella era una niña albanokosovar de cinco años de edad que conocí en un campamento de refugiados en Macedonia. Su historia era terrible.

Una noche los soldados serbios entraron a casa de Jehona en Urosevac, Kosovo, y obligaron a salir a toda la familia Aliu. La política de limpieza étnica de los serbios en ese diciembre de 1999 no le dejó más remedio a los Aliu que dirigirse a la frontera con Macedonia para pedir ayuda. Al menos, habían logrado salir con vida.

Jehona y su familia llegaron a un campamento temporal de refugiados. Pero en el caos de esos días, el gobierno macedonio los envió poco después a otro campamento, coordinado por la OTAN, y fue así que Jehona se perdió. Ella era una de los más de mil niños perdidos que la Cruz Roja y UNICEF estaban tratando de reunir con sus padres en esa zona de Macedonia.

La conocí mientras jugaba en el lodo y en medio de las tiendas de campaña donde dormía. Por alguna razón que no acabo de entender bien, sus ojos café se cruzaron con los míos y conectamos. Será porque en ella veía algo de ti, Paola.

No podíamos comunicarnos bien. Ella hablaba albano, un adulto traducía al macedonio, mi traductor lo pasaba al inglés y yo apuntaba en mi libreta en español. Aún así pasamos un buen rato juntos.

Me conmovió su vulnerabilidad. Sentía—otra vez—una piedra en la garganta. (Eso me ocurre mucho cuando estoy emocionalmente revuelto.) Sus ojos gritaban que estaba sola en el mundo y que no podía más, que le urgía encontrar a sus papás, que no entendía por qué diablos le había tocado esta suerte.

¿Qué mayor prueba podía tener de que el mundo no es justo? Ninguna explicación religiosa podía justificar el destino de Jehona. ¿Por qué ella?

Tenía el pelo corto, unos rasgos finos y aún batallaba una tenue sonrisa.

Los niños albanokosovares se pasaban el día dibujando casas. Casa incendiadas. Casas agujereadas por balas. Casas con ventanas rotas. Casas con la puerta tirada. Casas. Eran las casas que habían dejado atrás y que en ese momento, amontonados en friolentas tiendas de campaña, añoraban.

Dibujar casas era una terapia que, disfrazada de juego, le daba algo que hacer a los niños. "¿Cómo te das cuenta que estos niños llevan, dentro de sí, los traumas de la guerra?" le pregunté a uno de los encargados del campamento de refugiados de Stenkovec. "Es fácil," me dijo. "Te tocan mucho."

Era cierto. Esos niños que no me conocían y que me saludaban diciendo "jelou, jelou," se me acercaban para que los abrazara o les diera una palmada en la espalda.

Al igual que Jehona, Ardiana, una niña de seis años, se paró frente a mí, con sus bracitos bien pegados a la cadera, y con una sonrisa que me desarmó. No crucé palabra con ella. Para qué si no nos íbamos a entender. Pero nunca dejó de sonreír. ¿Cómo hacía eso? Lo había perdido todo. Y sin embargo, sonreía. Tenía una fuerza interior que me sobrepasaba y que yo no acababa de entender.

Creo que en cada niño kosovar encontré algo de ustedes, Nicolás y Paola. Tú estabas muy pequeño, Nico, pero no podía imaginarme para ti una vida similar a la de esos pobres niños refugiados.

No, eso no sería para ti ni para tu hermana.

Me prometí que haría todo lo posible para que nunca vivieran algo así. Y al mismo tiempo me propuse difundir lo más extensamente posible la lucha—y las caras—de esos niños que conocí en Macedonia. Era mi pequeña y única manera de hacer algo al respecto.

Cuando regresé a casa de ese viaje, los abracé con todas mis fuerzas. Supongo que me extrañaron durante el par de semanas que estuve fuera. Pero nunca se imaginaron el terrible lugar del que venía y la extraordinaria alegría que me dio verlos. Ese contraste me dejó casi mudo por días.

Eran muy pequeños y no se lo había contado. Hasta ahora.

¿Se han fijado, Nicolás y Paola, que casi nunca celebran ni se ríen los soldados que vienen de una guerra? Sus familiares son los que hacen fiesta, pero ellos no. Fíjense bien la próxima vez que vean por televisión a unos soldados volver a sus casas.

El escritor Walter Benjamin, a quién leí mucho en la universidad, decía que "los soldados regresan mudos del frente." Y yo añadiría que los periodistas también.

Las guerras te crean una coraza en el corazón. No importa si eres soldado, periodista, médico, observador o civil. Te tapan los sentimientos.

Las guerras te matan por dentro. Los sicólogos le llaman el síndrome de estrés postraumático. En palabras más sencillas, dejas de sentir. Y eso es lo más horrible. Ni lloras ni ríes. Vives en un angustioso y mediocre centro. Vives en neutral.

Has vivido tanto, experimentado al extremo, que tu cuerpo, como protegiéndote, se cierra al mundo, al exterior.

Tu realidad interior—tus recuerdos, tus pesadillas, las imágenes grabadas—dominan tu realidad exterior. Lo de afuera parece irreal, como si tu vida la vieras a través de una pantalla. Y solo otras sensaciones extremas te regresan, temporalmente, al aquí y al ahora. Pero pronto regresas a ese tedio en el que no sientes nada.

Lo empecé a notar luego de un chocante viaje a la India. La extrema pobreza de aquel país me perturbó profundamente. Y luego de estar en la guerra de Kosovo, no podía contarle a nadie lo que había vivido. Es como si me hubiera congelado por dentro.

Después de ir a Afganistán, el asunto se agravó. Tras días y semanas en que mis familiares y amigos me preguntaban cómo me había ido—y recibir tan solo respuestas guturales o monosilábicas: "bien", "más o menos", "grrr"—se cansaron de preguntar. Naturalmente. No sé cómo me aguantaron.

Y me fui quedando cada vez más solo. Las conversaciones con otros parecían envueltas en un velo. Las palabras suenan pero no significan mucho hasta convertirse en un simple zumbido. Todo es ruido.

Mi buen amigo argentino Gustavo Sierra, que ha cubierto las guerras más violentas, me ha contado (frente a un maravilloso churrasco) cómo mantiene abiertas las líneas de comunicación con los otros corresponsales que, como él, también vieron y sufrieron la toma de Bagdad.

Se cuentan lo que no le pueden contar a sus familias. Comparten sus miedos. Y eso los ha salvado. Pero no todo el mundo tiene a un Gustavo cerca.

Yo me di cuenta demasiado tarde que estaba atorado y cada vez más aislado. Pasaron años antes de reconocer que me había cerrado. Tantas guerras, tantas catástrofes, tantas noticias de último momento y tantos conflictos emocionales sin resolver, me estaban pasando la cuenta. Hasta que reventé.

Y como les conté en una carta anterior, no fue una guerra lo que me obligó a confrontar mi cerrazón emocional y esa terrible angustia existencial, sino un simple incidente en una carretera. Mi vaso no aguantó ni una gota más. Nunca sabes qué es lo que te va a romper cuando llevas años guardándote lo que piensas y lo que sientes.

Aún sigo trabajando en ese congelamiento emocional. Me siento como un escultor destruyendo con su cincel, pedazo a pedazo, una máscara que tomó mucho tiempo y esfuerzo levantar. Y ante cada pedazo de coraza que cae, existe la tentación de levantarlo y volverlo a pegar a la máscara original.

Paola y Nicolás, estas cartas son para que conozcan, de verdad, quién está detrás de esa careta. Es, supongo, un trabajo de toda la vida.

Quiero sentirme siempre como ese día que llegué al aeropuerto JFK de Nueva York luego de cubrir la guerra en el golfo pérsico. Salí hacia la calle, pisé el tapete que abrió automáticamente las puertas de vidrio y sentí sobre mi cara la más maravillosa ráfaga de aire frío. En ese preciso instante, cerré los ojos, dejé que el sol entibiara mi cara y agradecí en voz alta el estar vivo.

Los quiero tanto,

Papá (el que se fue a la guerra y volvió para contárselos).

LOS PEQUEÑOS PLACERES
de una VIDA *sin* OLOR

━

A mis hijos de bella y recta nariz:

Mi nariz no funciona bien. Así de simple. Es la parte de mi cuerpo que llevo pegada al cuerpo y que me sobra. Si pudiera, si no me dejara un horrible hueco en la cara, me la quitaría de noche porque de día es un estorbo. Ojalá pudiera desatornillarla a voluntad.

¡Qué incómodo llevar colgado un pedazo de piel sobre unos huesos irremediablemente fracturados y que hace tiempo dejaron de servir para algo útil!

Cargo con mi nariz porque no tengo más remedio.

No saben Paola y Nicolás lo rara que es mi nariz. Ustedes, claro, me la ven y ya se han acostumbrado a sus curvas, picos y barrancos. Pero es muy distinto llevarla puesta todo el tiempo.

Siempre ha sido así. Nací con fórceps, ese brutal método a través del cual a algunos nos jalaron a la vida. Es como si nos hubieran obligado a salir. Es la misma forma en que arrastran a los criminales a la cárcel, sólo que antes lo hacían con bebés recién nacidos.

Pues sí. Nací con pinzas.

El problema es que el doctor, en su atropellada y ciega maniobra, me atrapó la nariz y, sin preguntarme, jaló y jaló hasta sacar del vientre de mi atormentada madre el resto de mi cuerpo. Crack.

Mi madre recuerda—con un poco de dolor y pena, como si ella hubiera tenido la culpa—que la primera vez que me vio tenía una enorme marca roja cruzándome la cara, exactamente por encima de la nariz. Debió haber sido algo horrible porque unas tías, al verme, se compadecieron de mi mamá. "Pobre Yuyú," le dijeron, "con un hijo tan feíto."

Nunca tuve la oportunidad de darle las gracias al doctor por su fino, cuidadoso y profesional uso de los fórceps, pero ese primer instante de mi vida marcó irremediablemente todo los demás.

En cambio sus narices, hijos, son perfectas. Rectas, funcionales, sin golpes ni fracturas. Una nariz que sirva; qué bendición.

"Esta nariz cuelga a la derecha," escribió Luigi Pirandello en 1927 en su última obra *Uno, Ninguno y Cien Mil.* Me gusta mucho porque el escritor italiano describe a un hombre que cae en una verdadera crisis de identidad luego que su esposa observa inocentemente que su nariz se va para un lado. ¿Quién es ese individuo? ¿El que cree ser o el que otros cien mil se imaginan?

Mi nariz también cuelga a la derecha. De niño, al igual que Pirandello, me ponía frente al espejo y empujaba con todas mis fuerzas la nariz hacia el centro con la esperanza de ser como todos los otros infantes. Supongo que de ese trauma se deriva, asimismo, mi costumbre de dormir con el lado derecho de la cara sobre la almohada. Quería, a como diera lugar, enderezarme la nariz.

Pero ese no era el único problema. Mi nariz tenía una joroba delgada y prolongada que me hacía ver como un apto espécimen de estudio en la escuela de medicina. ¿Cómo puede respirar este niño? se hubieran preguntado los practicantes. La respuesta era obvia: mal, muy mal.

La curvatura de mi nariz hacia la derecha dejó un orificio demasiado estrecho para el paso del aire y otro demasiado ancho. No dudaría para nada que mi pulmón derecho sea exageradamente mayor que el izquierdo.

Nada de esto, desde luego, ayudó durante los ataques de asma que tenía de pequeño. En esa época no existían todos los remedios médicos ni los aerosoles que hay hoy en día, así que varias veces terminé empinado sobre la tina del baño mientras mi mamá me hacía respirar el vapor del agua caliente.

Pocos seres humanos pueden decir, como yo, que el primer segundo de su vida fue el definitorio. He tenido otros, por supuesto. Pero ninguno se ha extendido tanto ni ha influido tan significativamente en la forma en que vivo.

Y es que vivo sin oler.

No es que sea como Grenouille, el maravilloso—y, a la vez, espantoso—personaje de la novela de Patrick Suskind, *El Perfume*, que jamás despedía olores corporales. Está más que comprobado—y por favor no me pidan detalles incómodos—que mi cuerpo no es de ficción y que sí desprende olores (llamémosle naturales) que muchas veces, como cualquier mortal, preferiría ocultar.

Mi problema es que casi no huelo los olores que me rodean.

Así como lo oyen. Puedo ir a un restaurante y, si me tapara los ojos al llegar el plato principal, no sabría distinguir si es carne, pollo o pescado y mucho menos identificar la salsa que lo acompaña. El perfume más potente y sensual jamás me ha llevado a voltear en una fiesta y, mucho menos, a besar a alguien. Y la brisa del mar muerto me da lo mismo que la del pacífico, el mediterráneo o el caribe; su contenido de sal y tan particular composición química solo me causa, al igual que todos los océanos, cosquillas por su paso en la nariz.

Esto, tengo que reconocerlo, también tiene sus ventajas. No sufro en los baños públicos y hasta de los sanitarios de los aviones entro y salgo sin cara de tormento. (Claro, siempre me queda la duda de si el siguiente pasajero me va a culpar por los olores que dejó la persona que me precedió.) Me tienen sin cuidado los zapatos viejos y los quesos roquefort. En la clase de yoga no padezco a los sudados de al lado. Confieso que he aguantado los metros del mundo, particularmente el de Moscú, sin marearme y en pleno verano. El tufo de ajo y cebolla es, tan solo, un aire calientito que se desprende del comensal a mi lado. No distingo entre una boca con mal aliento y otra con dientes limpios y sometidos al hilo dental. Suerte para ustedes.

El pedo ocasional lo soporto con heroísmo, incluso si mi vecino lo pone en circulación con el estrépito de una banda militar dentro de un auto con las ventanas cerradas. La diarrea de una comilona alborotada y el vómito de un amigo o familiar enfermo son, quizás, ofensivas a la vista. Pero no tengo ningún problema en consolar, a corta distancia, a la víctima. Así gano puntos.

Son los pequeños placeres de una vida sin olor. Y claro, el placer es mío.

Soy, en pocas palabras y sin falsa modestia, un buen compañero de viaje y de vida. Todo a costa de mi nariz.

A pesar de lo anterior, vivo con el miedo constante de no detectar en mí olores ofensivos. Seré siempre el último en enterarse de que huelo mal. Me baño por higiene y disciplina, aunque no me toque. Por si… estoy en una lucha constante por detectar olores que se me escapan. Es la inseguridad que causa el no oler. O sea, gasto el doble de jabón y pasta de dientes.

También, ronco como un toro. ¿Cómo roncan los toros? Sólo sé que si alguien tiene la desafortunada oportunidad de compartir mi cama, necesita patearme un par de veces por noche para ponerme boca abajo. Boca arriba soy un peligro.

Mi nariz vive traumatizada.

Ha sobrevivido, a duras penas, tres choques espantosos. El primero con los fórceps, ya bien machacado. De niño no me gustaba mi apariencia física. Sin embargo, había otras cosas más importantes en la vida. Me bastaba con que pudiera jugar en la calle y no me quedara acostado en cama por un ataque de asma.

Esto, con el tiempo, fue cambiando. La adolescencia trajo consigo una obsesión. Quería una nariz nueva. Uno, de alguna manera, puede ocultar sus orejas grandes, dientes feos y un ojo gacho. Pero ¿cómo escondes la nariz? Las fiestas y reuniones de amigos eran siempre mejores para mí si ocurrían de noche y con poca luz.

Visité a varios cirujanos plásticos y todos me dijeron lo mismo: hay que esperar hasta los diecisiete o dieciocho años cuando dejes de crecer. No querían operar una nariz que, a los pocos meses, se fuera a estirar de nuevo. Y esperé, esperé, esperé impacientemente. Hasta que por fin el doctor Noé Barán me hizo el milagrito.

La operación, literalmente, me dejó noqueado. La incomodidad de pasar una semana sin respirar por la nariz fue superada por la emoción de verme, por primera vez, con una nariz derecha. Cuando por fin el doctor me quitó el yeso y pude verme al espejo, casi no me reconocí. Estaba de color morado y verde alrededor de los ojos y la piel de los cachetes se había tornado entré pálida y rosa. Nada de eso me importó. Porque en el mismísimo centro de mi cara encontré una nariz recta que servía.

La operación tuvo tal éxito que a los pocos meses me olvidé que tenía nariz. Nunca antes había vivido sin estar atento a ella. Por primera vez vivía —¿cómo decirlo?— desnarigado.

El gusto de una nariz recta, eficiente y sin joroba no me duró mucho.

Al año siguiente de la operación fui a jugar un partido de basquetbol con el equipo de la escuela. El juego terminó en pelea y el árbitro, que también era un alumno del otro colegio, me golpeó por atrás y depositó su puño derecho sobre mi nueva nariz. *Crack. Crack.* Así sonó y así quedó. Fue el segundo trauma.

Tras la inflamación inicial, me quedé con una nariz fracturada y deforme. Por más que me empujaba la nariz frente al espejo con la intención de volverla a romper y colocarla en su posición original, no logré nada. Así pasaron un par de años hasta que convencí a mi padre que me pagara otra carísima operación.

Pero esta vez no era tan fácil. El doctor me advirtió que tenía destrozados los huesos de la nariz y que no había ninguna garantía de que la operación culminaría con una nariz recta. Aún así corrí el riesgo. ¡Y vaya que fue un riesgo!

La rinoplastia fue durante un verano en plena copa del mundo de fútbol. Y el doctor y sus asistentes no resistieron la tentación de traer un televisor al quirófano para presenciar el partido del día. Seguramente el anestesista, en su emoción futbolística (o en su descuido) no me puso suficiente anestesia y me desperté en la mitad de la operación. Recuerdo a la perfección el momento: abrí los ojos y todos estaban viendo la pantalla del televisor. Mi nariz no era su gol.

El doctor, para su asombro, me descubrió despierto y le pidió al anestesista que me durmiera inmediatamente. Desperté horas después con la sospecha de que algo no había salido bien. Ocurrió que, al salir de la anestesia, me traté de arrancar el yeso sobre la nariz. Necesitaron varios doctores para someterme.

Mi primera pregunta, ya consciente, fue, por supuesto: "¿quién ganó el partido?"

El tercer trauma ocurrió ya en Estados Unidos. Mi pasión por el fútbol fue mayor que las advertencias de los doctores de que cuidara mi frágil nariz ya que no soportaría otro golpe fuerte. Mi nariz estaba amarrada con hilitos. No les hice caso.

Mientras seguía a un compañero con la pelota, me tropecé con el césped y mi nariz aterrizó espectacularmente sobre su hombro. *Crack. Crack. Crack.* La pelota quedó a la deriva. Me levanté, tocándome la nariz, con la certeza de que terminaría en otra mesa de operaciones. Pero la jugada no había terminado. Un contrincante la pateó con toda su fuerza y se estrelló en la mitad de mi cara. Así remató y re-mató lo que me quedaba de nariz.

El doctor Ronald Matsunaga, de Los Ángeles, California, aceptó operarme. Pero el par de veces que me revisó antes de la intervención quirúrgica, su cara de preocupación era patente. Tras dos operaciones y los golpes recibidos, mi nariz estaba tan fracturada que era imposible dejarla relativamente derecha. El temor médico es que los huesos nasales se desintegraran al tocarlos de nuevo y me quedara con un deformado pedazo de carne en la misma mitad de la cara.

La operación, en lo posible, fue un éxito. A pesar de todo, mi nariz es el mapa de una guerra. Basta que se acerquen para notar cicatrices, moretones, irregularidades, huecos y partecitas que suben y bajan. Tengo la nariz de un boxeador que ha perdido por "nocaut" toda su vida.

Mi nariz desafía cualquier definición. No soy narizón ni narigudo. Mi nariz es una serpiente en forma de S donde los mocos se esconden en pequeños desfiladeros. El aire pasa por ahí de manera atormentada, chiflando o, más bien, aullando. Como si le doliera. Funciona tan cautelosamente que a veces desearía cerrarla y respirar solo por la boca.

Si tuviera que escoger un dios me acercaría a Yacatecutli, el señor de la nariz en la mitología azteca. Era el muy venerado dios de los viajeros y de los comerciantes. Las descripciones de los conquistadores españoles lo dibujan con una larga nariz y un bastón. Ese es un dios que sí puedo seguir: narigón y viajero.

Yacatecutli, al menos, podía distinguir olores. Mi nariz está tan atrofiada que pudiéramos decir que lleva varias décadas agonizando.

Me es ajena esa magia de llegar a un lugar y reconocerlo por sus olores. No sé lo que es esa primera intuición que la gente normal recibe de un lugar por su olor. Mi mundo es olfativamente neutral. Y eso me permite darle una segunda oportunidad a lugares que otros rechazan de entrada. El sagrado y asqueroso río Ganges, uno de los más contaminados de la India y del mundo, fue para mí una experiencia extraordinaria. A pesar de los fuertes olores de basura, excrementos e incineración de muertos al aire libre, pasé ahí una madrugada majestuosa. Era la vista—de las ceremonias religiosas y del impresionante amanecer naranja y azulado—y no el olor putrefacto lo que me dominaba.

Yo tengo que abrir bien los ojos para saber donde estoy.

Huelo tan pocos olores que de ahí viene mi fascinación con el sistema olfativo.

No es coincidencia, entonces, que comparta con Marcel Proust dos de sus obsesiones: el tiempo y los olores. Al escribir *En Busca del Tiempo Perdido* trató de recuperar esos momentos que lo han marcado—al igual que yo con estas cartas—y su búsqueda comienza con la nariz. Las mil veces recontada anécdota de cómo los seductores olores de unos esponjosos pastelitos franceses—*madeleine*—le provocaban "un placer exquisito que invadía mis sentidos" y lo regresaban a su infancia, es una experiencia casi prohibida para mí.

Entendí con Proust y el alemán Suskind (cuyo personaje asesina vírgenes en el París del siglo XVIII para robarles sus fragancias únicas) lo que un par de doctores norteamericanos descubrieron mucho después. Richard Axel y Linda Buck ganaron el Premio Nóbel de medicina en 2004 al explicar cómo el cerebro funciona para identificar los olores. Como se imaginarán, hijos míos, este es un tema que me apasiona. Quiero saber cómo ustedes y el resto de los mortales pueden oler lo que yo no puedo.

Después de tantas operaciones, estoy seguro que tengo destruidos muchos de los cinco millones de receptores, agrupados en la parte superior de la nariz, y que a alguien normal—yo no soy olfativamente normal—le permiten distinguir alrededor de diez mil olores.

¡Diez mil olores! ¿Quién puede oler tanto? Esa es una orgía de olores a la que me han prohibido la entrada.

Mi bulbo olfatorio, que recibe las señales de esos millones de receptores, debe ser un huevonazo. Lo poco que recibe lo envía a otras partes del cerebro donde categorizamos los olores y los vinculamos a nuestras experiencias pasadas. Pero lo poquito que recibo es almacenado con celo.

Les cuento, mis bien perfumados Paola y Nico.

No sé por qué—estoy tentado a hacerles una visita sorpresa en Nueva York a los doctores Axel y Buck—pero los pocos olores que logran colarse en mi nariz se mantienen en mi memoria olfativa por muchísimo tiempo. Lo normal es oler algo y al rato olvidarlo. A mí no me ocurre eso.

A veces es muy placentero. El olor del pasto mojado luego de una fuerte lluvia me regresa inevitablemente a mi infancia en Ciudad de México. Aunque la lluvia haya sido en Miami. Y es muy lindo traer colgando ese olor por todo el día y, a veces, hasta dos días seguidos. Va y viene el recuerdo del olor, como un foco a punto de quemarse.

El fétido humo del cigarrillo se convierte en un rico elíxir cuando lo huelo con loción para caballero. Es la combinación de olores que más recuerdo de mi papá. De alguna manera mi nariz dejó abierto ese caminito que me regala, por unos minutos e incluso por unas horas, el olor de mi papá. Murió hace varios años pero su olor se me quedó grabado. Es una de las maravillosas ventajas de mi desmadrado olfato.

Lo malo es cuando me persiguen ciertos olores que quisiera olvidar. Durante días estuve arrastrando la podredumbre de una morgue en Kuwait. O esa extraña sensación de inhalar el polvo, cemento y cenizas humanas tras los actos terroristas en las torres gemelas de Nueva York. O, menos doloroso, el olor a alfombra húmeda que me remonta a mis más difíciles días como inmigrante en Los Ángeles. ¿Se imaginan lo que es andar cargando durante días con estos olores?

Cuando estos olores me atrapan, tiro mi ropa, cambio de lugar y me lavo insistentemente la nariz. Pero el agua no sirve. Ni el alcohol. Ni siquiera dosis gripales de Vicks VapoRub o de perfume. Es una tortura el estar oliendo constantemente la muerte, la tragedia y el dolor.

Mi atormentada nariz hace conmigo lo que quiere y me lleva a lugares sin preguntarme. En ocasiones, durante una reunión o en el trabajo, mi nariz decide llevarme muy lejos de ahí. Y por más que quiera concentrarme, la memoria de un viejo olor me pone a viajar. Soy esclavo de los pocos olores que guardó mi cerebro y me ponen a bailar al ritmo que ellos dicten.

Estoy seguro que mi minimizado sentido del olfato ha afectado, también, mi sentido del gusto. Al no oler las comidas, pierdo parte del placer de comer.

Prefiero las comidas muy condimentadas a las blandas. Cualquier cosa con pimienta, mostaza, sal, limón o chile me despierta y me alegra el paladar. Y lo curioso es que tiendo a comer sólo las cosas que me gustaban antes de mi primera operación. No es extraño, pues, que sea un verdadero adicto al aguacate.

Como lo mismo que de niño con pequeñas y contadas variaciones. Son esos sabores de tacos al pastor, ceviche, pozole, camarones, el aceite de los huevos estrellados y, sobre todo, el pan con mantequilla, los que aún me encantan. Es muy posible que esos olores y sabores que aprendí con los platos de mi mamá sean los únicos que registró mi tribulado sistema olfativo en la lista de "ricos."

Comer no es mi *hit*.

Eso, tal vez, explique mi flacura.

Disfruto ciertas comidas y restaurantes. No hay duda. Aunque tranquilamente me puedo saltar una o dos comidas sin queja alguna. Mi problema es cómo mantener el peso, no cómo perderlo. En los viajes pierdo peso y si es de trabajo, aún más. Se me olvida que tengo que comer.

Mi casi inexistente sentido del olfato y mi debilitado sentido del gusto han sido compensados por mis ojos, mis oídos y mi tacto. Aunque por muchos años toqué guitarra clásica, no tengo un oído musical pero sí uno muy sensible.

Cualquier cosa me despierta. Oigo dormido. Escucho todas las noches los sonidos del constante ajuste de las paredes y techos de mi casa, a pesar de que es relativamente nueva. Y gracias a la disciplina de mi trabajo—donde escucho instrucciones de los productores del noticiero a través de un pequeñísimo aparato en la oreja—puedo seguir dos y hasta tres conversaciones a la vez. Créanme, esto es bueno para los chismes.

Pero mis ojos y mi tacto son, incluso, muy superiores a mis oídos.

Ver y tocar. Con eso me basta. Son mis más preciados placeres. Mis ojos y mis manos han retomado las funciones que mi nariz nunca pudo realizar y son expertos en sutilezas, recovecos y en detectar objetos ocultos.

Por necesidad he aprendido a vivir viendo.

Pocas cosas se me escapan.

Perfecciono todos los días el "arte de notar"—que va mucho más allá de observar—al que se refería el periodista polaco Ryszard Kapuscinski. Las imágenes que guardo en la mente tienen, para mí, el poder sugestivo de los olores en otras personas. Y si esas imágenes van acompañadas de un recuerdo táctil, estoy completo. Es, casi, como volver a vivir.

Quienes me conocen, Pao y Nick, saben que veo mucho porque no tengo más herramientas para sobrevivir. Cuando observo, cuando noto algo, estoy marcando por dentro mi disco duro. Y eso casi nunca se borra.

Termino esta carta—una especie de triste oda a mi laberíntica nariz—con dos de los mejores olores que afortunadamente recuerdo: sus olores cuando eran bebés. Me enloquecen. No hay olores más ricos en toda la faz de la tierra.

Muy conciente de mis limitaciones olfativas, me acercaba mucho a su pelo y a su cara cuando eran bebés para poder absorber lo más posible su increíble y pacificador olor. Y lo logré. No fue fácil.

Mi nariz se resistía a aceptar nuevos olores en su exclusivo club. No eran bienvenidos los olores posteriores a mi primera operación de nariz. Pero con ustedes hizo una excepción. Enhorabuena.

A pesar de la tormentosa e inexplicable forma en que trabaja mi mausoleo olfatorio, sus olores de bebé entraron al sistema. No es que los pueda extraer a voluntad. Pero en muchas ocasiones me regresan, sin previo aviso.

Cuando eso ocurre, no tengo nada que ver. Cierro los ojos, guardo las manos en los bolsillos del pantalón, y aspiro pura tranquilidad. Ese particular, inconfundible y entrañable olor de cuando eran bebés, para mí, es la paz y la felicidad. Lo mejor de todo es que no viene de afuera. Es ya parte de mí.

Y en esos momentos, con una media sonrisa, me digo: ¿qué más puedo pedir?

Los abraza, fuerte, fuertísimo,

su desolorado padre.

Carta
6

E-MAIL *a* PAOLA

~

De: Papá
Para: Pao
Asunto: Cómo No Ser un Padre de Larga Distancia

hey pao...acabamos de cenar con tus amigas en ese restaurante italiano de broadway para celebrar tu cumple. wow!!! ya son veinte...son un chorro pero no para ti, asi me quiero quedar siempre, pa, me dijiste. y yo tambien...quien no quiere quedarse en 20???

...aveces, tengo que confesarte, es un poco raro darse cuenta que esa mujer hechayderecha que sta a 1 ladito de mi en la mesa es mi hija...ay caray, pienso en el cliche mas cliche, que rapido se me ha pasado todo...y cuando tomo tu mano para apapacharte o pones tu cabeza sobre mi hombro, siento ese orgullo tan basico de ser tu papa. es padre ... no es algo ganado, es algo que llego contigo y nunca se va...y a veces ya ni sabemos como acariciarnos, no te puedo cargar –je, ni loco– sobre mis hombros como cuando eras niña ni ponerte a jugar en mis rodillas, y entonces nos acercamos y te doy un beso en el cachete o en el pelo pero nos quedamos con ganas de mas, de sentir eso que sentiamos cuando estabas chiquita y que todo cabia en un abrazo y que tu te sentias la mas protegida y querida y yo el mas protector y el padre mas completo de todos...es distinto pero igual, aunque suene a cancion de sanz...te sigue gustando????? ami me gusto mucho esa de, no es lo mismo, pero lo mas importante es que me recuerda ati...igual que esa cancion que cantabamos los dos en el coche, you've got the most beautiful green eyes...

traigo la panza a reventar, esas papitas eran papotas, y el postre fue una groseria, bueno, groseria o lo que sea pero nos lo bajamos en tres cucharadas, los dos pedimos lo mismo: un pedazo 1/2 cavernicola de carne, que staba muy bueno, no? termino medio, jugocito, como nos gusta...sobre todo para rellenarse de energia pa soportar el maldito frio de ny, sta grueso, verdd? Ya sabes q soy medio tropical y a la 1era señal de frio tiemblo, brrr!!!...si, ya se que te encanta vivir en nwyrk y a mi tambien me hubiera gustado a los 20, en una universidad superinteresante, con maestros muy picudos y rodeada de un monton de cuates...aunque hiciera frio. es tu vida, no la mia, pero la disfruto como si fuera mia.................. cuando yo tenia tu edad, chance un poquito mas joven, trate de ir a estudiar a una universidad en inglaterra pero no habia lana en la familia, le pedi dinero a mi abuelita, que era la unica que tenia su guardadito y no me lo quiso prestar, te juro que me cayo medio gorda aunque fuera mi abuelita (seguramente se sentia insegura con lo poco o mucho que tenia) y yo pensaba que si mi abuelo no hubiera muerto el si me lo hubiera prestado, ademas el rancho qu el tenia y que se vendio con todos esos naranjales, nogales y arboles de aguacate siempre pense que era para todos sus nietos, pero no fue asi, no nos toco ni un hueso de aguacate, ni una nuez...y sabes? hay cosas en la vida que te marcan xxx y eso me marco grueso, y me prometi que en el futuro no le queria volver a pedir dinero a nadie ni pasar esa humillacion de pedir dinero y que me dijeran en la cara que no tenia...

y por eso me alegra verte ahí tan super japi en nueva york porque pude cumplir la promesa de que nunca le faltaria nada a nadie de los mios ... y mira lo que son las cosas, cuando yo me prometi eso ni habias nacido y, la verdad, no tenia planes de tener hijos, pensaba en otras cosas ... pero eso si, cuando naciste, pense que queria que tuvieras todo lo que yo no tuve...y aqui estamos, en nueva york, celebrando tu birdei y no quepo de contento.

te veo y me veo. no es que quiera que sigas mis pasos, para nada. s padrisimo cuando me hablas para preguntarme algo de poli-tica, de lo que salio en las noticias o me envias por emilio uno de tus ensayos de la universidad...me veo en tus dudas, en tus inquietudes, en esa inexplicable timidez al preguntar en clase y sobretdo en esas ganas locas de comerte el mundo. yo tambien a esos 20, 30 y hasta 40 me queria comer el mundo y meterle una mordida como la que le dimos al bistec de esta noche...es mas, para que te tiro mas rollos; todavia me quiero comer el mundo, arrancarle un pedazo conlosdientes...hay tanto por vivir y son esas ansias de vida las que veo en ti y me emocionan

me emociona tambien que eres una viajera consumada, tienes una capacidad increible de adaptarte a cualquier circunstancia, nada te alebresta, tomas las cosas como vienen y no juzgas...ese es un gran don. yo me doy cuenta con tus amigos e, incluso con los mios, como se sienten a gusto a tu alrededor. proyectas esa vibra de que tu mundo es muy grande y todos caben en el...con esa vision-del-mundo ya tienes ganada mas de la mitad de la batalla. no cambies eso nunca: es una de tus mejores cualidades... nunca te eduque para ser una mujer de éxito; te eduque como un ser humano completo...eso es mejor. me queda claro que te has sabido enfrentar a los prejuicios sexistas y que nunca te dejaras que alguien te limite por el simple (y maravilloso) hecho de ser mujer.

eres una mujer del mundo y nada parece serte ajeno. bueno, claro, exagero pero me agarras la onda, verdad?? vives con una apertura de mente que asombra. eres mucho, si, de tu generacion; esceptica, sin llegar al cinismo, mucho mas practica que los de mi epoca, como tu dices, como si se tratara de la prehistoria, y con un sentido de la solidaridad y del humor que tanta falta nos ha hecho a los que llegamos antes que ustedes.

me temo que esa capacidad de adaptarse a lo que viniera fue una parte forzada de tu educacion...ese ir y venir de los angeles a madrid y luego de miami a madrid y ahora de nueva york a miami ha sido una constante en tu vida. no sabes lo que es estar quieta. moverte, mudarte, cambiar es tu constante...un papa por aca, la mama por alla, un hermano aquí, una hermana alla...quiero que sepas que nunca planee esa vida para ti, se suponia que no iba a ser asi, pero al final de cuentas no tuviste mas remedio que aceptar, sin quejas, las decisiones de los adultos...que duro no? eras la mas afectada y la que menos podia decidir sobre tu propio futuro.

paola, nunca he odiado tanto como el día que te fuiste con tu mamá a vivir a madrid, odié todo, todo. odie las espantosas circunstancias que motivaron tu viaje, odie que hubieramos tenido que llegar a esa separacion tan forzada, odie vivir sin ti, odie que estuvieras a miles de kilometros, me odie a mi por haberme puesto en esa situacion, odie los dias sin saber nada de ti, odie tener que imaginarte en la escuela y no ir a recogerte por la tarde como hacian los padres de tus amigas, odie las tardes en que no te ayudaba con tu tarea, que no te llevaba al cine, que no te veia en tus entrenamientos de basquetbol, odie las noches que no te pude llevar a la cama, odie las noches que yo dormia mientras tu la pasabas en vela enferma/estudiando/viendo la tele/contando los dias en que nos volveriamos a ver...odie cada instante en que no estuve contigo. incluso hoy me lleno de angustia y coraje y rabia cuando revivo los peores dias de mi vida. si paola, fueron los peores dias de mi vida.

solo en las mañanas tenia un poquito de consuelo, tontamente pensaba que llevabas 6, 7, 8 horas despierta por el cambio de horario de españa y estados unidos y que habia menos horas que soportar en el dia. no aguantaba la idea de que los dos estuvieramos despiertos al mismo tiempo y no vernos.

cuando eras niña no lograbas entender que yo te dijera lo importante que eras para mi y que, al mismo tiempo, viviera tan lejos en miami...no tenia logica, verdad?...papa, me preguntabas, por qué no te vienes a vivir a madrid? aquí también hay trabajo en la tele. en alguna ocasión me recriminaste a tus 9 o 10 años el que mis palabras estuvieran vacías. si de verdad me quieres tanto, parecías decirme, por qué no te vienes a vivir conmigo?

...te di una y otra vez todas las explicaciones posibles: que mi trabajo estaba en miami, que no podia mover a toda una televisora a madrid, que no tendria un permiso para laborar en españa, que mi carrera despegaba en estados unidos y que seria un suicidio profesional el irme de ahí...ademas, nos hablabamos todas las semanas y nos veíamos, invariablemente, todas las vacaciones.

...te di respuestas lógicas, pero nunca te conteste lo que realmente sentia: que por dentro estaba roto y que no habia nada que mas quisiera en el mundo que vivir contigo, verte crecer, ayudarte, ser un papa presente, dia y noche...

trataba de compensar la distancia con regalos y sorpresas...te acuerdas de los paquetes que te enviaba con dulces y juguetes??? yo si, iba a las tiendas y cuidadosamente escogia lo que mas te gustaba y que cupiera en una carta o en un paquete pequeño. tus abuelos se convirtieron en verdaderos reyes magos, llevando y trayendo juguetes, igual en verano que en invierno. y me alegrabas el dia cuando recibia tus dibujos o tus cartitas con tus primeros garabatos.

...cuando la gente me veia, yo sabia que pensaban que era el padre mas triste de la tierra, pobre jorge, decian, con su hija tan lejos. y yo me sentia ese pobre jorge...tu sabes que no soy un tipo de lamentos ni de arrepentimientos ni aceptare nunca ser victima, pero me pasaba los dias pensando en lo que hice mal, en el momento en que mi vida se volvio tan tortuosa, en la tragedia de tener a la personita que mas quieres tan lejos de ti, es la peor tortura. sufri mucho, te lo confieso, muchisimo...lo mas dificil de todo fue al principio, te imaginas lo complicado que era hablar contigo por telefono cuando tenias 3, 4, 5 años de edad? te hablaba por telefono lo mas posible pero nunca era suficiente, como estas paoli? te preguntaba y yo aguantaba el llanto para no hacerte sentir mal. ya ves? me ha vuelto a pasar, estoy llorando otra vez. es que eso no se olvida.

los domingos sin ti eran terribles, me tiraba por las tardes en el sofa y me enterraba emborrachado de tristeza. no creas, hacia un esfuerzo para no deprimirme, jugaba futbol por las mañanas o hacia ejercicio, pero inevitablemente las tardes de los domingos me desmoronaban ... prendia la tele, ponia cualquier cosa, leia cada pagina del periodico y dormitaba sin sueño, la noche se hacía interminable y el lunes aparecia como una bendicion...llegaba al trabajo cansado y ojeroso pero, al menos, el domingo habia terminado...hasta el siguiente.

pero aun asi, tan lejos, me aparecia a verte cada vez que podia... era un poco raro, lo admito, llegar a madrid y tenernos que quedar los dos en un hotel. pero pronto superabamos lo impersonal del lugar para hacerlo nuestro refugio; por unos dias, solo por unos dias, ese espacio iba a ser unicamente de nosotros dos...una vez, te acuerdas? te fui a ver cerca de barcelona a un torneo de baloncesto –ya ves? hasta estoy usando tus propias palabras– y me quede sin voz de tanto gritarte...ya sabes que de adolescente me hubiera encantado ir a una olimpiada y veia en ti, te lo juro, a una futura atleta olimpica...eras buenisima paoli –bueno, los sigues siendo– y yo pensaba, pobre hija mia, con este papa que la anda empujando a ir a una olimpiada...pensaba y pienso que no hay nada que tu no puedas hacer, si de verdad lo quieres...y, oye, no es por nada pero todavia te doy la pelea en el basquet...si, ya se que la ultima vez me ganaste, pero deja que regreses a casa y nos echamos la revancha; el que gane juega contra nico ok?

sigo con mi rollo, sale? me aguantas un ratito mas? es que si no te lo cuento ahora se nos va a quedar colgando y quiero que lo sepas...me propuse contigo ser un padre presente en la medida de lo posible. fue una promesa que te hice y que tu nunca oiste...

era un padre de larga distancia pero me negaba a reconocerlo y, por lo tanto, luchaba cada rato para hacerte saber que yo estaba ahí para ti...la definición mas sencilla de ser padre es estar presente en la vida de tus hijos, como sea, pero presente...hubiera querido escribir siempre presente pero ahí entramos en el terreno de lo imposible.

cuando un padre esta separado de su hija, lo mas importante es que mantengan una confianza total en el otro...recuerdas que de chiquita te decia siempre la frase: "las promesas se cumplen"...bueno, te lo decia porque queria darte esa certeza de que, si yo te prometia verte en tal fecha, lo haria...paoli, no se como, pero siempre te cumpli...a veces llegaba unos dias despues si se me atoraba un asunto del trabajo, un viaje de ultimo momento o una entrevista; otras veces llegaba antes, pero siempre estuve ahí cuando te prometi...te cumpli. y creo que eso fue importante, importantisimo.

nuestra relación, paoli, ha estado marcada por ese intento de estar juntos. no ha sido, como en otras familias, donde el estar juntos es lo normal, para nosotros lo normal era hacer un esfuerzo para estar juntos...nos tirabamos el cuento de que tenias dos casas, una aqui y otra en madrid y era totalmente cierto, pero eso significaba tambien el tener vidas separadas. se que tu vida en madrid era muy rica, llena de amigas y de actividades y de una vida cultural que jamas hubieras tenido en miami. eso, estoy seguro, te dio una educacion mas completa...cuando te iba a visitar, creo que me hice socio de varias aerolineas internacionales durante mas de una decada de viajes, me daba cuenta de lo bien que estabas creciendo...a pesar de la ausencia de tu padre, eras una niña fuerte, o quizas precisamente por eso. y rapido aprendimos que las navidades, año nuevo, semana santa y los veranos eran conmigo y el resto con mama y los abuelos en madrid...habia, al menos, una cierta rutina y eso ayudo a darte y a darme un sentido de seguridad y continuidad. seria tu padre siempre, a pesar de los hoyos negros y las ausencias.

se me hacia literalmente un hoyo en el estomago cada vez que nos despediamos en el aeropuerto y tardaba varios días en regresar a una cierta normalidad...esos adioses me erosionaban de tal manera que, al llegar a casa, me tiraba languido sobre un sofa y me idiotizaba con la tele prendida. no queria pensar, no queria hablar, no queria saber nada de nada

...y luego de muchos años, cuando ya estabamos todos acostumbrados a la distancia y a las llamadas y a los veranos y a los paquetes y a esa maravilla que comenzaba a ser la internet, vino la dificil decision –claro, dificil para ti- de que regresaras a miami durante highschool para que te prepararas para la universidad...y como nos costo trabajo!!! te estabamos arrancando de tu mundo madrileno, lleno de fiestas y amigos y energia y cosas que hacer en la calle, para traerte a una ciudad donde no se camina, donde la vida cultural es casi inexistente si la comparas con madrid y donde tenias muy pocas buenas amigas...al menos tendrias a tu padre cerca, me consolaba, y yo a ti. eso, para mi, lo compensaba todo. para ti, lo se, fue mucho mas dificil; escuela nueva, amigas nuevas, idioma nuevo ... hasta te tuviste que poner uniforme para ir al colegio! algo verdaderamente impensable en tu despreocupada vida española...

el gusto nos duro poco, un par de años, solo un par de años...te juro que soñaba con el momento de vivir en la misma ciudad, juntos, sin tener que tomar un avion para ir a verte...y llego. no fue, lo sabemos, todo maravilloso, tuvimos nuestros encontronazos porque habia que conocernos en eldiadia, no en esa version cuidadosamente planeada de vacaciones y viajes. yo no era el padre el padre perfecto que tu habias construido en tu mente y tuve que aprender a convivir con una adolescente que, en muchos sentidos, tenia mucho que enseñarme...pero fue lindo tenerte, siempre, a un lado, en el cuarto de enfrente. contigo en la misma ciudad estaba en balance.

la busqueda de universidad me la tome como una mision personal, queria que fueras a donde tu quisieras y esas primeras cartas de rechazo fueron un duro golpe...pero, como siempre ocurre en todo lo que te propones, terminaste en una gran escuela en la gran ciudad de nueva york. y volvio a pasar...una vez mas, nos separamos. era, lo se, algo inevitable y lo vivi de una manera muy distinta a aquella vez en los angeles que te fuiste a madrid...pero dolia, al fin y al cabo...que tal si ya nunca mas vivieramos en la misma ciudad? la pregunta me tocaba muy de cerca...pero ahora que vivimos, al menos, en el mismo pais siento que logramos mantener viva nuestra relacion padre-hija durante todos esos dificilísimos años...y nada me hace más orgulloso...lo logramos paoli...lo logramos.

se que estamos en una etapa muy distinta. eres mi hija y soy tu padre pero la relacion se ha transformado, ya no tengo ni deseo ese dominio de un padre con una menor de edad, ya no me tienes que pedir permiso casi para nada ni consultarme en tus asuntos mas intimos...pero la alegria esta en podernos conectar en las cosas mas importantes...el simple hecho de contarnos con quien sales tu y con quien salgo yo es un triunfo, no crees? cuantos padres no pueden hacer eso.

se tambien que he cometido errores garrafales contigo. el primero, no darme cuenta a tiempo que ya eras una mujer mientras yo te seguia tratando como niña, lo siento, son cosas que toman mucho en digerir, pero hago mi tarea y avanzo todos los dias, te lo prometo.

y el segundo, el no contarte muchas cosas de mi, bajo la excusa de no preocuparte. pensaba: para que contarte que mi matrimonio no funciona? para que meterte en ese torbellino? pero debi haberlo hecho para que supieras en que estaba metido tu papa... para eso. como explicarte el dia que me fui de casa y encontraste mi closet vacio y mi escritorio sin la computadora? calcule mal, crei que ese dia tenias un examen o un partido de baloncesto y regresarias mas tarde...pensaba hablarte al salir de la escuela pero te me adelantaste y te perdi ... me tarde al menos un año en volver a recuperarte. al final te enteraste de todo y te diste cuenta que no te hice participe de muchas de mis decisiones.

error. no volvera a ocurrir...pero la experiencia nos sirvio a los dos. tuvimos platicas muy complicadas; creo que por primera vez nos hablamos con dureza y con total honestidad. descubrimos partes del otro que no conociamos. y abrimos canales de comunicación a pico y pala. pude, por primera vez en mi vida, hablarte de mis problemas sin esa capa de proteccion que te habia inventado....al final, de lo unico que se trataba es que entendieras que, pasara lo que pasara, mi relacion contigo y con tu hermano estaba por encima de cualquier otra cosa...

estoy seguro que hay un monton de cosas que podria haber hecho mejor contigo. pero en esas no me voy a atormentar. la verdad, viendolo todo, la hemos hecho bastante bien, no crees?

hay una foto de nosotros dos que siempre me ha encantado; tu tenias unos meses de nacida, ni siquiera gateabas, y te habia dado de comer con la mamila. estabamos en casa de los primos de mama en una tarde muy rica, en el patio junto al canal, y te quedaste dormida sobre mi pecho ... me babeaste toda mi camisa verde. alguien, y la verdad que no me acuerdo quien, se acerco por detras de nosotros y nos tomo una fotografia...tu cara esta clavada, cerca de mi hombro, con tus ojitos cerrados, y yo me veo feliz y en paz y completo...debe ser una de las primeras fotos que nos tomaron juntos. y, sabes que? 20 años despues, en ese restaurante, contigo a mi lado, me volvi a sentir igual...

feliz cumple...hoy por la mañana te cante la cancion de las mañanitas que cantaba el rey david para las muchachas bonitas te las cantamos a ti...ya sabes, mis ridiculeces, pero yo sabia que te ibas a reir al oir esa cancion mexicana tipica de los cumpleaños, y te reiste y me encanto. todavia se hacerte reir. todavia se que te mueve. y con eso me sobra y me basta.

lejos o cerca, siempre estas conmigo, tu papa.

posdata...y contestame, cuando puedas, como quieras, aunque sea en un texto, que necesito saber de ti...vale?

A NICOLÁS,
MI GRAN COMPAÑERO

~

Mi Nico:

Duermes y aprovecho para escribirte.

Estamos agotados. Fue un sábado típico: levantada antes de las siete de la mañana, junto con el sol (mientras yo a lo lejos te escucho jugando con la computadora y luego haciendo tiempo frente a la tele, seguramente pensando: ¿y a qué horas se va a levantar el flojonazo de mi papá?). No aguantaste mucho y me levantaste brincando a mi cama. Tremendo susto. Sí, buenos días, Nicolás.

No somos de desayunar mucho. Pero hoy fue distinto. Te comiste un *muffin* con chips de chocolate y un plato de tocinos. Es el Nico-combo. No se cómo te puedes meter eso en la mañana. Es tu combinación favorita.

No te habías acabado el último pedacito de tocino cuando te vi brincando de la silla para subir a tu cuarto a cambiarte. El partido de fútbol no empezaba hasta casi dos horas después pero tú querías estar listo con tu uniforme y tus nuevos tacos; yo sé que da mucha risa que así le digamos en México a los zapatos de fútbol. Eran unos Adidas rojos que limpiabas, pulías y admirabas como lo más valioso del mundo. Fue el regalo de navidad que más te gustó.

El fútbol, o *soccer* como le dices tú, te ha ayudado mucho a salir adelante. Tienes una seguridad y aplomo muy especial para tu corta edad. Llevas, no hay duda, esa casi hereditaria timidez de mi familia pero la has superado, particularmente en el campo de juego.

El otro día me preguntabas que cuándo había sido la primera vez que pateaste una pelota de fútbol y, si mal no recuerdo, fue poco después de caminar. Al año y medio ya andabas dándole puntapiés a unas pelotas de playa y poco después me empezaste a acompañar a mis partidos de fútbol los sábados por la mañana. Jugábamos un ratito y luego te quedabas viendo el partido. ¿Quién iba a decir que eso te marcaría tanto?

No habías cumplido los cuatro años cuando ya estábamos jugando fútbol en la calle. Compramos un par de porterías de plástico—son las blancas que todavía tienes en el jardín—y siempre me ganabas. No hay nada que alimente mejor la autoestima que ganarle a papá ¿verdad? Bueno, ahora entiendes que al principio me dejaba ganar, pero las cosas están cambiando muy rápidamente: ya no me dejo ganar y me sigues ganando.

La verdad es que esta mañana jugaste como un campeón. Metiste tres o cuatro goles, ya no me acuerdo exactamente cuántos, y me sentí muy orgulloso cuando el *coach* de tu equipo te invitó a jugar en otro partido, más tarde, con niños mucho mayores que tú. Me sorprendió que le dijeras que no. Pero después entendí: querías comer algo rápido y llegar a la casa… para ponerte tu uniforme de basquetbol.

La tarde comenzó en una cancha de duela y con un curioso partido de basquetbol en que los jugadores—es decir, tú, tus amigos y rivales—no están obligados a botar la pelota. Son las reglas para chicos de tu edad. Pero este juego, y no me lo tomes a mal, tiene más de fútbol americano y de lucha libre que de basquetbol.

Mientras te veía jugar no podía dejar de pensar en lo afortunado que eras. Que somos, más bien. Estabas jugando en una cancha techada de basquetbol, con duela de madera, uniformes parecidos a los de la liga profesional NBA y con árbitro. Por la mañana, metiste los goles en una cancha inmaculadamente verde. ¿Cuántos niños (y adultos) en el planeta se mueren sin la oportunidad de ver unas canchas así? Por eso le va tan bien a Estados Unidos en las competencias internacionales. No es ninguna sorpresa que los mejores jugadores de basquetbol del mundo acaben aquí, ni que el equipo de fútbol estadounidense se haya colado entre los diez mejores del orbe.

Ese partido de básquet lo perdieron por una canasta y no podías ocultar tu frustración.

Nico, eres increíblemente competitivo. Te duele perder. Y no sé bien qué hacer al respecto. Me encanta que hagas un enorme esfuerzo en la cancha de juego—para eso son los deportes ¿no? para probarse y enfrentarse sin mayores y fatales consecuencias—pero sé que vas a sufrir mucho si no aprendes rápido que ganar no es lo más importante. Mira, quizás exagero. Tienes apenas ocho años y hay mucho por andar. Eso sí, eres un buen deportista y a pesar de tu fuerza y tamaño nunca lastimas a los contrarios. Tú sabes que eso no se hace; es ya una lección aprendida. Aunque noto en ti esa garra de triunfador.

Ya se lo conté a tu hermana en un *e-mail* que le envié y te lo repito a ti. Veo mucho de mí en ti. Y eso, a la vez, me asombra, me asusta y me enorgullece. A ver si me puedo explicar bien.

Cuando te veo jugar fútbol o basquetbol y noto que eres un magnífico atleta, me emociona. Yo era así. Bueno, no creo que tan fuerte ni tan ágil pero, eso sí, era muy rápido. Además compartimos la misma obsesión por los zapatos tenis. Los vemos embobados y los admiramos como si fueran joyas. Y no puedo pensar en una mejor combinación: un hijo deportista con un padre que ama los deportes. ¡Trato hecho! Practicamos juntos y vemos partidos juntos.

Lo máximo fue ese viaje a Alemania para ver el mundial de fútbol. Te conseguiste una camiseta—de Brasil, España y Paraguay—para cada uno de los tres partidos que vimos. Había que defender a los equipos iberoamericanos. Me dio mucha risa cuando íbamos en el metro y nos encontramos con un grupo de suecos, bastante gritones y algunos bañados en cerveza. Ese día jugaba Suecia contra Paraguay y tú llevabas una camiseta paraguaya. Te escondiste detrás de mí para que no te vieran los fanáticos suecos. Fue muy chistoso. Subiste las cejas, ceñiste la frente y cruzaste los brazos; igual que yo en momentos de tensión.

Me sorprende el darme cuenta cómo me copias muchas cosas que hago. ¿Y si lo hago mal? ¿Y si estás copiando algo equivocado? El imitar algunos de mis comportamientos parece algo casi automático. ¿Ya te fijaste, por ejemplo, que cuando estás sentado juntas las manos sobre tus piernas, entrelazando los dedos, igual que yo? Es inevitable Nico; pasamos tanto tiempo juntos que se te pegan cosas de mí y a mí de ti. Comes tacos igual que yo y aguantas la salsa picante mucho más que tu hermana. Te encanta, como a mí, la sopa de tortillas y extrañas, igual que yo, nuestras vacaciones en Acapulco.

Pero, por otra parte, estoy muy consciente que ya estás forjando tu propio camino. Y ya noto señales de una saludable rebelión que, estoy seguro, me sacará canas verdes cuando cumplas los trece o catorce. Está bien. No me asusto. A veces me saca de mi centro cómo me discutes con valor y argumentos. Y tienes apenas ocho años. Eso, aunque no parezca en el momento, me gusta. Y cuando me empiezo a desesperar y me dan ganas de decirte que hagas algo sólo porque yo te lo digo, respiro un par de veces (y hasta tres) y trato de dilucidar si tienes razón.

Nunca he querido, ni contigo ni con Paola, imponerles nada por la fuerza. En mi casa no habrá nunca ni gritos, ni groserías, ni golpes.

Estoy tratando de cambiar la dinámica familiar que mal aprendí de mis padres. En casa no se permitía discutir. Nunca aprendimos a dialogar y a planchar nuestras diferencias en una conversación. El silencio se imponía. El mensaje era claro: mejor callar que pelear. Pero el problema con ese modo de resolver conflictos era que se te quedaban muchas cosas atoradas en el estómago y en la garganta. Claro, hay que entender que en una casa con cinco hijos ese era, posiblemente, el único sistema para garantizar la paz.

Pero cuando somos sólo tú y yo la cosa cambia ¿no crees? Cuando nos enojemos, y luego de explotar, espero conversar y discutir contigo (hasta el cansancio si es preciso) aquello que nos enfrentó. ¿Te parece bien? No quiero dejar cosas pendientes y luego arrastrar resentimientos. Prefiero pecar por hablar que por callar. Ese es un gran cambio en mí, créeme. Y, al igual que mi papá, aprovecho cuando vamos en el carro para hablar.

Cuando terminó el partido de básquet me acompañaste a la peluquería. "¿Por qué te vas a cortar el pelo?" me preguntaste, "si lo tienes tan corto." Bueno Nico, es cuestión de gustos. Qué más quisiera que dejarme el pelo largo como tú pero con tantas canas parecería, más bien, un hippie en la década equivocada.

Tu pelo, sin embargo, es igualito al que yo tenía de niño. Y tienes ese mismo tic de quitarte el copete de los ojos que yo tenía cuando yo era un adolescente y el pelo me crecía tan largo. Me encanta cómo se te ve y soy tu principal cómplice al tratar de dejarlo lo más largo posible… hasta que en la escuela te digan que es preciso meterle tijera.

En el coche íbamos hablando inglés y español. O, más bien, yo te iba hablando en español y tú me contestabas en inglés. No hay duda: te sientes más a gusto en inglés y es perfectamente normal. Pero déjame contarte algunas "historias verdaderas."

Desde que naciste te hablábamos en español en casa. Y lo aprendiste muy bien. Tan bien que me dediqué a apuntar algunas de tus frases célebres. Eran, para ser sincero, muy divertidas.

"Ya tienes tres años, Nicolás," te dije el día de tu cumpleaños.

"No papá," me contestaste muy serio, "yo quiero estar en dos".

"Pero ya tienes tres," insistí.

"¿A donde se fue el dos?"

"Ya se fue," te dije.

"¿Y a dónde se fue el dos?" preguntaste muy preocupado. "Quiero estar en dos."

Nico, yo también quisiera "estar en dos" o, al menos, "estar en veinte."

Un día que te llevamos a la cansada búsqueda de casa, tenías muy claras tus preocupaciones.

"Nicolás," te avisé, "vamos a ver una casa nueva."

"¿Y hay puertas?" preguntaste.

"Sí," te dije.

"¿Y hay ventanas?"

"Sí."

"¿Y hay moscas?"

La primera vez que te llevaron a misa—no recuerdo exactamente la ocasión—regresaste muy impresionado por dos cosas.

"¿A quién viste en misa, Nicolás?"

"A un papá," contestaste.

"¿Y qué hacía este papá?" pregunté.

"La gente le daba dinero."

"¿Y qué más viste?"

"Había muchas donas, Papá," dijiste, y luego me extendiste una cordial invitación. "Te voy a llevar a misa para que comas muchas donas."

Con mucha precocidad, aprendiste a contestar el teléfono. Y un día sonaba y sonaba y nadie lo contestaba, hasta que te desesperaste y fuiste a contestar.

"¿Está tu mamá, Nicolás?" te preguntaron.

"Sí, mamá sí esta," le dijiste, "pero no puede hablar contigo porque está jugando conmigo en mi cuarto."

En un largo viaje a Italia te llevamos a ver la torre de Pisa. Pero tú, claramente, no tenías el menor interés por esa atracción turística en pleno verano. Viste la torre inclinada y me preguntaste:

"Papá ¿esa torre se va a caer?"

"No, Nico," te dije, "no se va a caer."

"¿Y aquí va a haber un show, Papá?"

"No Nico, no va haber ningún show."

"Entonces ¿a qué venimos?"

Una vez, viendo una vieja película en blanco y negro, te paraste frente al televisor y ordenaste: "Papá, mejor vamos a ver una televisión con pintura."

Cuando te regañábamos, te tapabas los oídos con ambas manos y nos decías desesperado: "Está bien, está bien, ya tengo la cabeza llena de palabras."

Siempre te has resistido a la idea de dormir. Es, para ti, algo de poca utilidad. De niño usabas un chupón para acurrucarte. De hecho ahí lo tengo guardado como un preciado recuerdo. De pronto, un día el chupón se perdió. Y tú andabas por toda la casa buscando tu "minga, minga." Pero nosotros no entendíamos nada. "Quiero mi minga, minga," nos decías. Hasta que, por fin, entendimos. Le decías "minga, minga" porque ese era el sonido que el chupón hacía al succionarlo en tu boca. "Minga, minga." Sobra decir que por mucho tiempo todo el mundo te llamaba "minga, minga."

Pero con "minga, minga" o sin "minga, minga" te costaba trabajo dormir. Casi todas las noches te inventaba un cuento. Creamos un personaje ficticio llamado Cocoloco, con piernas tan largas que cogía frutas de los árboles, jugaba con los pájaros, se quemaba con el sol y jalaba a la luna todas las noches para que lo acompañara a dormir.

Cocoloco se dormía, y a veces yo también. De puro cansancio. Tú no.

"Acóstate con mí" me pedías. "Es que no tengo sueño," amenazabas. "Voy a dormir con los ojos abridos." Finalmente, los cerrabas. Por un ratito.

Eres muy tempranero. Te levantas con el amanecer. Y a veces hasta más temprano. "Ya me cansé de dormir," solías decirme. "Ya no puedo dormir porque se me acabaron los sueños."

En ocasiones nos dabas verdaderas lecciones de sabiduría y sentido común. Durante una sobremesa particularmente larga, en la que preparábamos un viaje, preguntaste: "¿Por qué ustedes hablan de cosas que no hacen?"

"Los niños no quieren lo que no quieren," sermoneabas. Y cuando te queríamos obligar a hacer algo que tu no querías, aprendiste una maravillosa frase cargada de ambigüedad: "al ratito voy, después de un tiempecito."

Hubo otras.

"¿Cuándo viene Emilio?" te pregunté alguna vez, sobre uno de tus amigos.

"Cuando entre por la puerta."

Jugabas con "arañas matadas" que morían ahogadas bajo "agua salida" (tu saliva), pedías cosas imposibles—"¿mañana me llevas a Australia? ¿allá hay camas?"—hacías observaciones zoológicas—"¿por qué el avión tiene cara de ratón?"—y tenías preocupaciones, digamos, adultas: "¿Cuándo yo sea viejo como mi abuelo voy a tener pelos en la oreja?"

Desde muy pequeño hacías preguntas difíciles de contestar: "¿Por qué las cosas no se caen del planeta?" o "¿Cómo vuelan los angelitos al cielo? ¿Yo también me voy a ir volando?"

Todo iba muy bien hasta que un día dijiste: "caca de *bird*." Tu mundo monolingüe, en español, estaba llegando a su fin. Era lógico. Muchos de tus amigos hablaban sólo inglés y la influencia de la televisión era inevitable.

Tus primeras semanas en el *kinder* fueron complicadas. Hablabas muy bien español pero no tanto el inglés. Y eso te aislaba de tus otros compañeros y te hacía muy difícil entender a la maestra. Hasta que un fin de semana hiciste *click*, entendiste que el inglés era la clave para salir adelante, para tener amigos, para participar en el salón de clase y dejaste de comunicarte en español.

Fue impresionante Nicolás. Un viernes estabas hablando español y al lunes siguiente todo lo decías en inglés. Desde ese fin de semana vives en un mundo bilingüe. Casi en *espanglish*. (Y me pregunto si leerás estas cartas en español, como yo las escribí, o en su traducción al inglés. Da igual, mientras que las leas.)

¿Por qué hablar sólo un idioma si puedes hablar dos? Otro idioma te abre fronteras y, sin duda, te dará mayores oportunidades en un país cada vez más diverso y multicultural. Además ¿por qué olvidar el español si es la conexión con tu familia y con tu cultura?

Luego de la peluquería nos metimos al cine. *"I feel like watching a movie, dad,"* me dijiste. Vimos una película de dibujos animados, pero tú querías volver a ver *The Pursuit of Happiness* con Will Smith y su hijo. La historia—sobre lo que pasaron un padre y su hijo para vencer la pobreza—te tocó. Te la pasaste preguntándome cosas durante más de dos horas. Creo que, por primera vez, te diste cuenta de lo afortunado que somos.

No, lo sé, no todo ha sido fácil. Desde que me fui de la casa la vida te ha cambiado radicalmente. Hay que estar saltando de un lugar a otro, dividir tu ropa, tus juguetes y tus afectos, y no hay nada más desconcertante que ver irremediablemente separados a tus padres. ¿Cómo llegamos a este punto? Por ahora basta que sepas que te amamos con locura, que tú no tuviste la culpa de nada y que te prometo estar siempre presente en tu vida. Como sea.

Tú eres mi gran compañero.

En serio.

Mira nada más cómo nos hemos pasado este sábado. ¿Sabes algo? Suena extraño decirlo pero pasamos mucho más tiempo juntos que cuando vivía en casa. No, no es excusa ni consuelo. Pero me alegra saber que hemos sacado algo positivo de todo esto.

Cuando estoy contigo me acuerdo de la película *Kramer vs. Kramer*. La vi muchos, muchos años antes de que tú nacieras. Y cuenta la historia de cómo un hijo y su padre se acostumbran a los quehaceres de la vida diaria después de un divorcio. Alguna vez la verás y te vas a reír. El protagonista, Dustin Hoffman, es un desastre en la cocina; no puede ni siquiera hacer un par de *hot cakes*. Pero hacia el final de la película ambos, padre e hijo, se vuelven unos expertos cocineros… y de paso entienden mejor las reglas de la vida. No digo que nos convertiremos en chefs—aunque me salen bastante bien los *waffles* congelados ¿no? y a ti las papas fritas en el microondas—pero sí he notado que nos hemos acostumbrado a esa extraña y entrañable rutina de dos hombres solos en casa. Nada mal ¿verdad?

Te disfruto cada momento. Estoy aprendiendo a ser padre, no creas. No puedo aspirar a más. Y, en una buena parte, hay que darle las gracias a tu hermana Paola. Con ella probé y no todo salió bien. Pero aprendí: de nuestras ausencias y de nuestros errores. Y espero haber hecho bien mi tarea para no repetir tantos errores. Tú dirás.

Después del cine nos fuimos a uno de tus restaurantes favoritos. Italiano por supuesto. Últimamente te ha dado por meterte a google.com y buscar los mejores restaurantes italianos de Miami. No sé por qué lo haces porque siempre terminamos en los mismos. Y sueles pedir lo mismo: pizza margarita (salsa y queso nada más, por favor) o penne a la boloñesa (con mucho queso parmesano, más, más, por favor más, gracias).

Panza llena, corazón contento y muchos huesos que arrastrar. El día se nos alargaba y todavía teníamos cosas pendientes. La luna había caído, redondita, sobre Miami y yo esperaba unos momentos de calma. Regresamos, por fin, a la casa, pero tú todavía querías hacer unos tiros a la portería en el jardín. Y no me pude resistir. Ese lugarcito donde tú y yo jugamos fútbol, frente al garaje, es casi sagrado. Es donde tú y yo conectamos sin tener que hablar. Siempre había querido tener una casa con portería de fútbol. Aunque a veces creo que, en nuestro caso, es una portería de fútbol con casa.

Ya sin luz, nos metimos a la casa a ver unas fotos que nos había enviado tu tío Gerardo por la Internet.

De pronto, te echaste a reír. (Me encantan tus carcajadas. Yo no sé reírme así. Ojalá me puedas enseñar.) Y apuntaste a una foto. Era de la fiesta de fin de año donde me puse a bailar. "Yo no sabía que bailabas, Papá," me dijiste entre risas burlonas. "Ni yo tampoco," te contesté y los dos nos carcajeamos.

Nos pusimos a ver más fotos. Te enseñé mi favorita: estamos juntos tras una carrera de 6 millas donde tú me acompañaste en la recta final. Estaba tan contento de que hubieras saltado la barda donde esperaban los espectadores y corrieras conmigo.

Y luego encontramos las pruebas fotográficas para la portada de este libro. Te las enseñé, orgulloso. Ahí estabas: tú a mi lado derecho y Paola al izquierdo.

"Papi, *you put me on the cover!*" me dijiste con gran asombro. *"That's cool."* Y me diste un abrazo.

Me dejaste sentado con una sonrisota frente a la computadora y te fuiste a ver la televisión. De nuevo, a lo lejos, escuchaba tus carcajadas. Habías grabado uno de tus programas favoritos y lo estabas viendo por enésima vez. Pero poco a poco tus risas fueron bajando de volumen. Estabas cansadísimo.

Subimos a tu cuarto y me seguiste, arrastrando los pies. Pero, eso sí, mantuviste tu rutina de cambiarte y lavarte los dientes. Tienes una impresionante disciplina. Apagué todas las luces, menos la de la mesita de noche.

Te acostaste, te di un largo abrazo y me extendiste tu mano para que te la acariciara. Y me pregunto cuánto más durará este ritual. Me doy cuenta que, cuando te llevo a la escuela, ya no te gusta que te abrace o que me despida de ti con un beso. Apenas tocas mi mano al despedirte. Y mientras más crezcas, supongo, habrá más distancia física. Es lo normal; son señales de independencia. Pero voy a extrañar tus abrazos de niño. Seguro.

Esta noche, sin embargo, todo sigue igual.

Nos pusimos a platicar. Son los momentos oportunos que trato de aprovechar.

Cansados y acostados decimos cosas que, de otra manera, tendemos a guardar.

"Qué buen día hemos tenido, Nico."

"Yeah, Dad, it's been a good day . . . stay a while."

Hace un par de meses que has estado durmiendo solo en tu cuarto. Cuando nos mudamos a esta casa yo solía dormir en la cama extra que hay en tu cuarto. Para acompañarte. Te daba un poco de miedo dormir solo en una casa nueva. Además, mi cuarto queda en la planta de abajo y en la esquina opuesta.

Pero los dos sabemos que ya estás grandecito y que no hay más remedio: cada quien duerme en su cuarto. ¿Sabes qué? Te voy a confesar algo. El que más sufre por no dormir en la otra cama de tu cuarto soy yo.

Cuando te duermes me transmites una paz y una ternura sin igual. Y despides todavía un poquito ese aroma de bebé. Esto no va a durar mucho. Estás a punto de dar un estirón que te dará un cuerpo de hombre. Pero mientras eso ocurre, tus sonidos y tu olor me ayudan a dormir profunda y mansamente.

Contigo, siempre.

Tu compañero.

MIEDO *a* VOLAR

⁓

Mis hijos:

Ustedes están en la tierra y yo como a 37,000 pies de altura. Les estoy escribiendo esta carta en un largo vuelo de casi cinco horas entre Miami y Los Ángeles.

Me traje la computadora y un montón de notitas sobre algunos de los peores momentos que he pasado en el aire. No es que quiera enfatizar lo negativo. No. Pero quiero contarles que volando es como más vulnerable me siento.

Volar me pone nervioso. Me sudan las manos. Me pongo tenso con cualquier turbulencia. El despegue de este vuelo, por ejemplo, tuvo sus momentos de inquietud. Los pilotos suelen reducir la velocidad del avión a los pocos segundos del despegue para disminuir, en lo posible, el ruido en las zonas donde sobrevuelan. Pero a veces esa reducción de velocidad es poco sutil y me alarma. Más aún si hay que rodear unas nubes cargadas de lluvia tropical.

Si se mueve mucho el avión me aprieto el cinturón hasta sacarme el aire. Tengo la mala e inútil costumbre de agarrarme con todas mis fuerzas de los brazos de los asientos de los aviones con la ciega confianza de que, si no me suelto, nada me pasará. En ocasiones da la impresión de que hasta los quiero arrancar.

Y lo más tonto de todo es que si puedo ver un pedacito de tierra desde el avión, me siento un poco más seguro. Por eso siempre trato de volar junto a una ventana. Mientras voy escribiendo esto le echo unos vistazos a los cayos de la Florida. Demasiado lejos y sin una pista donde pueda aterrizar este Boeing 757. Pero tierra firme para mí.

Trato de evitar, en lo posible, volar de noche. No hay nada más perturbante para mí que mirar por la ventana y ver puro negro. O, peor, unas nubes malamente iluminadas por los focos en las alas del avión. Y si unos relámpagos prenden el cielo a la distancia, entonces es, para mí, la tormenta perfecta. Parece irracional, lo sé. Pero no me gusta volar de noche ni con mal tiempo.

Son pocas las veces en que he volado tranquilo. Lo he probado todo. Una cerveza. Dos. Llegar al aeropuerto sin dormir. O hacerlo corriendo, al último minuto. O con tres horas de anticipación para prepararme sicológicamente. Nada ha funcionado.

Creo que en el fondo de este miedo a volar hay dos cosas. Una, amo mucho la vida y no estoy preparado para despedirme todavía; apenas le estoy agarrando el gusto a esto. Y dos, como no tengo una fe religiosa que me sostenga—quisiera tenerla, pero no la tengo ¿qué le vamos a hacer?—entonces me angustia enormemente lo que pase luego de morirnos.

Si hubiera cielo, los quisiera ver a ustedes dos ahí. Y a muchos más. Pero el cielo, si existe, debe estar sobrepoblado.

.Soy, sin duda, más terrenal que celestial. El aire no es mi ambiente. Quizás porque he tenido dos buenos sustos.

Creo que ya se los he contado en alguna sobremesa, aunque no con todos los detalles. Así que, si me aguantan, aquí les va de nuevo.

La primera de esas veces fue en 1991 durante la guerra del golfo pérsico. Estaba volando en un avión militar C–130 de Arabia Saudita con destino a Dahrán, en la frontera con Kuwait. Lo que más recuerdo es un violento movimiento del avión y luego un descenso rápido y turbulento. No podía ver por las pequeñas ventanas ya que estaban arriba del fuselaje, inalcanzables para el centenar de pasajeros.

El miedo fue tan grande que Marilyn Strauss, la productora de televisión que viajaba conmigo, se acercó y me tomó la que llamó "la última foto de tu vida." Todavía la tengo. La acabo de ver en mi álbum de fotografías y hasta me da risa. Supongo que por los nervios de recordar el momento. Aparezco sin muchas canas, con la mirada ida, y agarrando como si se me fuera la vida el cinturón de seguridad. (Por cierto, ¿de qué sirve ponerse el cinturón de seguridad cuando se estrella un avión? En fin...)

En la foto aparezco muy raro, como viendo hacia dentro. Es paralizante el pensar que puedes estar viviendo tus últimos momentos. No me preocupaba el dolor al preciso instante de morir sino lo que le sigue. Perdí el control de los movimientos de mi cuerpo. Unas partes—los brazos, las piernas, la boca del estómago—me temblaban y otras se congelaron: los ojos, la quijada, la boca. Quieres, al mismo tiempo, llorar de angustia y gritar de desesperación. Pero me controlé. Hay, en el fondo, esa mínima esperanza de que iba a salir con vida del incidente y no quería hacer un papelazo. ¡Qué absurdo el mantener la compostura hasta el final!

El avión se movía violentamente, como licuadora, algunos pasajeros gritaban y un piloto egipcio que viajaba junto a mí iba y venía por la cabina en franca desesperación.

Malas señales.

No sabía lo que iba a pasar, así que me puse a escribirte una carta, Paoli.

Te conté que estaba volando en un avión militar con destino a la guerra—las tropas iraquíes de Saddam Hussein habían invadido Kuwait y Estados Unidos estaba a punto de liberar al pequeño país—y que tú no tenías ni la menor idea de lo que hacía tu papá. Llevaba conmigo unas fotos tuyas y me entristeció enormemente pensar que, quizás, ya no te volvería a ver. Acababas de cumplir cuatro años. Te escribí que vi un rayo de luz que se colaba por una de las ventanillas del avión y me imaginé que, de alguna manera, eras tú.

Hace poquito me llamaste por teléfono cuando te encontraste esa carta en uno de mis libros. Yo sabía que, algún día, la leerías. Pero cuando la escribí jamás me imaginé que, años después, la estaríamos comentando por teléfono. Son las vueltas de la vida.

Sí, todo muy dramático y hasta parece exagerado en la distancia, pero el miedo me había hecho perder el centro. Y para mí, el único consuelo en ese momento de pánico dentro del avión fuiste tú.

Para no hacerles el cuento más largo, el avión aterrizó sin el motor izquierdo funcionando. Lo repararon en la misma pista y, ante mi horror, volvimos a despegar a los pocos minutos.

¿Qué iba a hacer? No podía llamar a mi jefe y decirle que me rehusaba a subirme al avión. Sé que me hubiera regañado y recordado que se habían gastado muchos miles de dólares para que yo fuera a cubrir la guerra del golfo pérsico. Aunque, pensándolo bien, lo debí haber hecho. Pero en ese momento de mi vida estaba muy joven y con muchas ganas de tener éxito en mi carrera profesional. Así que me mordí la lengua, respiré profundo y me volví a subir al maldito avión. Todo con tal de salir en la tele.

Ahora que lo veo en retrospectiva, me parece absurdo. En ese momento, sin embargo, ni siquiera lo cuestioné. Cómo cambian las cosas, qué bárbaro.

No me gusta volar porque siento que pierdo el control. Me he leído todas las estadísticas que indican que viajar en avión es mucho más seguro que en auto. Pero yo sigo insistiendo que si el motor le falla a un auto basta con llamar a la grúa, en cambio, si el motor le falla a un avión…

El caso es que en muchos sentidos mi vida depende de los aviones. Tengo que ir a donde esté la noticia. Punto. Y con mucho más de un millón de millas voladas he memorizado todos los ruidos y movimientos de los aviones. Eso me ha dado un poco más de tranquilidad. No importa donde me toque sentarme, me aseguro de que pueda ver hacia fuera. Eso me da una falsa sensación de seguridad.

Me encantaría ser como tú, Paola, poder quedarme dormido en cualquier asiento de avión. Pero para mí es casi imposible dormir en el aire y menos cuando hay un poquito de turbulencia. Me agarro al asiento como un bebé al dedo de su madre.

Ojalá que pudiera dedicarme a ver películas y jugar en la computadora como tú, Nicolás, pero me cuesta trabajo concentrarme. Voy siempre atento a cualquier movimiento del avión. Es inútil, lo sé.

Cuando vuelas de regreso a la universidad a Nueva York, Paola, o a ver a tus amigas a Madrid sufro nada más de pensar que odias las turbulencias, igual que yo. Qué más quisiera, para ti y para mí, vuelos sin turbulencias (y sin preocupaciones) o uno de esos aparatos de ciencia ficción que te desintegran en un lugar y reapareces en otro. No, no nos tocará ver eso.

En fin, sigo con el cuento de mis miedos aéreos. No es masoquismo pero quiero explicarles cómo, en los momentos más difíciles y peligrosos de mi vida, ustedes me sacaron adelante. En serio.

Estoy seguro que, a veces, como papá, me sienten invencible. O que nunca se les pasa por la mente la posibilidad de que algo me puede pasar. Han de decir: "ya lo ha hecho tantas veces que se las sabe de todas, todas." Siento decirles que no es así.

Qué bueno que piensen en mí como invencible. Les da un cierto sentimiento de seguridad y continuidad a sus vidas. Yo también creí en algún momento de mi vida que mi padre y mi madre podían hacer cualquier cosa. Quizás lo hacemos porque, cuando somos niños, es impensable la vida sin nuestros padres. El caso es que, aunque duela admitirlo, su padre es de carne y hueso y a veces se muere de miedo.

La segunda vez en que sentí que la vida casi se me escapaba en un avión fue en una pequeña avioneta del ejército venezolano.

Hugo Chávez, el presidente de Venezuela, me había prometido una entrevista. Pero me la dio, no en Caracas como habíamos quedado, sino en la pequeña población de Guarumito, en el estado Táchira, cerca de la frontera con Colombia. O sea, en el carajo viejo, como dicen los puertorriqueños.

Chávez quería que lo viera rodeado de pueblo. Era febrero de 2000 y a Chávez todavía no se le había subido tanto el poder a la cabeza. (Años después sería imposible entrevistarlo; ya no le gustaba escuchar a nadie más que a sí mismo. Pero esa es otra historia que ya ni vale la pena recordar.)

Seguimos con el vuelo. Todavía no habían dado las nueve de la mañana y la avioneta de hélices, piloteada por dos jóvenes militares venezolanos, ascendía a quince mil pies de altura. De pronto, notamos un fuerte olor a quemado y un humo blanco empezó a llenar la cabina. A pesar de los gritos de protesta de siete de los ocho pasajeros—una funcionaria pública se hizo la dormida—los pilotos se rehusaron a realizar un aterrizaje de emergencia y la avioneta continuó subiendo hasta los veinticuatro mil pies de altura.

El piloto nos dijo que "teníamos una misión" y que esa era llevarnos hasta el aeropuerto de La Fría donde estaba el presidente Chávez. Pero la cabina se seguía llenando de un caliente humito blanquecino. Era un bruto ese piloto. ¿Cómo que "teníamos una misión" y que por eso no podíamos aterrizar? ¿Estaba loco o qué le pasaba? La avioneta, para mí, se estaba incendiando y había que aterrizar. Pero el tonto del piloto y el copiloto se rehusaban.

No saben, Pao y Nico, la frustración que sentía. Nos íbamos a morir todos por la imprudencia de dos militares inexpertos. En esa ocasión, mi natural sospecha de todo militar se vio confirmada.

Finalmente, ya tosiendo por el humo y aterrados ante la posibilidad de que la pequeña avioneta se estuviera incendiando, convencimos a los testarudos pilotos de que aterrizaran de emergencia. Lo hicieron a regañadientes, no muy convencidos. Con una actitud muy machista nos hicieron sentir que éramos unos verdaderos miedosos, que no aguantábamos nada. Nos valió.

La avioneta aterrizó en la base militar de Barquisimeto.

Y aquí viene el por qué de esta historia.

Mientras el estómago se me retorcía y las extremidades me temblaban sin control, pensé en ustedes dos. Me parecía tan absurdo que los dejara de ver por andar persiguiendo a un aprendiz de dictador a un lugar que ni siquiera aparece en muchos mapas. No comprendía que los pilotos le tuvieran más miedo al enojo de Chávez, por no llevarnos a tiempo al lugar que el gobernante había indicado, que a morirse en una avioneta incendiada o accidentada.

En su terquedad, se pudieron haber llevado mi vida y la de los que me acompañaban. Y, de paso, haber destruido la de ustedes dos. Qué absurdo.

Siempre he tenido ese dilema.

Por una parte, lo que más deseo continuamente es pasar tiempo con ustedes pero, por la otra, mi profesión me encanta y me obliga a ir a los lugares más extraños y lejanos. Es, además, mi trabajo: ustedes y yo vivimos de eso.

En el fondo de estas dos anécdotas hay una lección sobre el miedo. Es preciso reconocerlo. Es, naturalmente, la primera señal de peligro. El miedo nos prepara ante una situación límite. Esas dos situaciones me han ayudado a conocerme mejor. Claro, a nadie le gusta saberse vulnerable y débil. Pero existen momentos que, por su intensidad y peligro, nos rebasan.

Hay miedos ante los cuales no hay nada que hacer más que prepararse para lo que parece inevitable. Eso fue lo que ocurrió en los dos aviones. Pero hay otros miedos que, una vez reconocidos, debemos enfrentar. Y eso va desde hablar en público o solicitar un empleo hasta conocer a una nueva persona o tratar de hacer algo nuevo.

El caso es entender tus miedos, vengan de donde vengan, y corregir tu comportamiento cuando sea posible.

Últimamente he tratado de reducir mis viajes para pasar más tiempo juntos. Y creo que, en gran medida, lo he logrado. Sin embargo, no se puede ser periodista y encerrarse en casa. No se puede. Vivo ese inevitable conflicto interno de ser periodista y papá a la vez.

Les narro estas historias aéreas, no para atemorizarlos o para aburrirlos, sino para que sepan que, incluso en los momentos más tensos de mi vida, el primer pensamiento siempre es para ustedes dos. Mis hijos.

Cuando la vida se convierte en un *casi*, mi refugio son mis hijos. Quiero que lo sepan. Soy, en eso, como cualquier otro padre.

Pero no es fácil compaginar ser padre y periodista. No se imaginan lo complicado que es atenderlos y estar siempre presente en sus vidas cuando, por otro lado, el mundo de las noticias me exige toda su atención.

Les doy un ejemplo. Cuando un grupo de terroristas estrelló cuatro aviones en Nueva York, Washington y Pensilvania el 11 de septiembre de 2001, mi primer impulso fue correr por ti a la escuela, Nicolás, y llamarte a ti a Paola (que en ese momento estabas estudiando en Madrid). Pero no podía. Todo era una emergencia. El ataque múltiple en el que murieron casi tres mil personas me sorprendió en casa, luego de estar cuarenta minutos trotando en un hermoso paseo arbolado.

Me llamaban urgentemente de la oficina, me bombardeaban a telefonazos estaciones de radio de toda América Latina, me tenía que bañar y hacer una maleta en un par de minutos. Sabía que mi vida—y la de millones de personas—había sido trastornada y nunca más sería igual. Y mi primer impulso era estar con ustedes, abrazarlos, asegurarles que yo estaría ahí a su lado, protegiéndolos. Quería decirles que su mundo de los afectos no cambiaría, que el planeta podía derrumbarse pero que yo los querría siempre y que podían contar conmigo siempre.

La realidad, sin embargo, era otra. Yo no podía estar con ustedes. No podía. Estaba obligado a correr a la estación de televisión donde, yo sabía, pasaría semanas completas en cobertura ininterrumpida. Sabía perfectamente que me tendría que ir a Nueva York y que no había fecha de regreso. Yo lo único que quería era estar con ustedes y abrazarlos hasta quedarme dormido. Pero no podía.

Es más, ni siquiera me pude despedir. Algo se rompe dentro de ti cuando todo tu cuerpo te pide estar con tus hijos y, por alguna razón, no puedes. Y mientras pasaba hora tras hora informando sobre el peor ataque terrorista en la historia moderna de Estados Unidos, las imágenes de ustedes dos se mezclaban con las de las torres gemelas y sus nombres con los de las víctimas. Todos, ustedes y yo, fuimos víctimas del 11 de septiembre y lo seguimos siendo. ¿Me entienden?

No debe ser fácil tener a un padre como yo. No siempre he estado donde debería estar. Pero muchas, muchas veces, no sé cómo dividirme en pedacitos.

Por un momento olvidé que estaba volando.

De pronto me topo con las montañas que rodean a Los Ángeles, deshilachándose en el frío océano pacífico donde se va a guardar el sol todos los días. ¿Cómo no sentir placer con esta vista?

Aún me quedan unos minutos más de vuelo pero me he dado cuenta que escribir en el avión espantó mi miedo a volar. En lugar de concentrarme en los pequeños ruidos y movimientos del avión, puse toda mi atención en esta carta para ustedes. Es más, las manos ni siquiera me están sudando.

Quizás he sido un poco injusto con los aviones. Ellos me han llevado aún más lejos que mi imaginación y, sobre todo, me han regresado a casa.

Siempre.

Ya ven, sin quererlo, creo que juntos acabamos de descubrir una forma de volar en paz.

Los quiero, tanto en la tierra,

a 37,000 pies de altura o donde sea,

Paps.

Posdata. ¡Aterrizamos!

MI CASA LEJOS *de* CASA

⌒

Para mis niños, que muy pronto han dejado de serlo:

Soy de dos países.

Se puede. No hay que escoger.

Llevo veinticinco años viviendo en Estados Unidos. Son los mismos veinticinco que viví en la Ciudad de México.

Una vez, durante una entrevista, le pregunté a la escritora chilena, Isabel Allende, si ella se sentía de Chile (donde creció) o de Estados Unidos (donde vive hace muchos años). Y su respuesta estuvo cargada de sabiduría y sentido común. No tengo que escoger, me dijo. Soy de los dos países.

Me siento igual.

Quepo perfectamente en esta sociedad multiétnica, multicultural, multirracial y multilingüe. Aquí venimos de todos lados.

Estados Unidos es el lugar donde todos los extranjeros dejan de serlo.

Tú debes entender esto perfectamente, Paoli. Eres de Estados Unidos y de España.

Obligarte a escoger un país sería irracional, forzado y absurdo. Además, totalmente innecesario. Tú eres el mejor ejemplo de una ciudadana globalizada en un mundo globalizado. Eres una mujer de nuestros tiempos.

Es difícil encontrar identidades puras. Somos mezcla. Todos somos mestizos. Ustedes llevan sangre mexicana, cubana, española, indígena, puertorriqueña, estadounidense y, si los apretaran un poco saldría también un chorrito de italiano e irlandés.

No hay oficio más inexacto que el de clasificar identidades en el siglo XXI.

Soy profundamente mexicano—imposible e impensable arrancarse las raíces—pero, al mismo tiempo, he aprendido a querer, respetar y agradecer a Estados Unidos. Pero en Estados Unidos muchos me ven, simplemente, como latino o *hispanic*; apenas ayer alguien me confundió y pensó que era colombiano, de Bogotá, por mi forma de hablar, y en otras ocasiones he pasado por ecuatoriano de Quito, boliviano de La Paz y chelo salvadoreño.

Mi acento en español, casi neutral por los miles de noticieros que he leído, complica aún más la clasificación. Y cuando viajo a México muchos no creen que soy mexicano o me dicen que estoy agringado, que es una forma de rechazo. Me hacen sentir, como sugería Kundera, el "gran traidor". El mensaje es claro: no perteneces aquí.

Es decir, a veces no soy de ningún lado y a veces soy de todos.

Soy, eso sí, inmigrante y me moriré sintiéndome inmigrante.

Estados Unidos es mi casa lejos de casa.

El que se va de su casa tiene siempre esa renuencia a ser clasificado. No se nos pegan bien las etiquetas porque las desafiamos casi todas. La única que llevamos siempre cargando es la que dice, que grita, que nos fuimos de nuestro país. Y al irnos se nos van borrando los boletos de ida y vuelta. A veces, cuando queremos regresar, ya no se puede leer el lugar de salida. Es que, sin darnos cuenta, nos hemos convertido en otro.

El profesor Edward Said, que vivió en Palestina, Líbano y Egipto antes de emigrar a Nueva York, decía que "ocasionalmente tenía la experiencia de sentirse un racimo de corrientes." El prefería eso a "la idea de tener una identidad sólida." "Con tantas disonancias en su vida," escribió en su autobiografía, "he aprendido a preferir el no tener siempre la razón y a sentirme fuera de lugar."

Se los transcribo textualmente porque así me siento yo también. Luego de tantos cambios, de tantos viajes, de malabarear dos idiomas, he perdido esa sólida identidad de mexicano. Soy más y menos. Al mismo tiempo. Soy, como dice Said, muchas corrientes que chocan entre sí.

Estados Unidos—y ustedes me han oído decir esto antes—me dio las oportunidades que México no pudo. Ustedes, Paola y Nicolás (así, sin la H de Nicholas y con acento en la A), nacieron en Estados Unidos y me consta que están orgullosos de su nación. Así debe ser. Es muy triste cuando alguien se apena del país al que pertenece. Eso habla mal de la persona y habla mal del país.

Me vine a Estados Unidos porque no quería ser una víctima. Ni esclavo de las circunstancias. No podía esperar más. ¿A qué? ¿A que se muriera un presidente? ¿A que cambiara todo un sistema político? ¿A que hubiera total libertad de prensa? No, no podía esperar más. México estaba por construirse y me estrangulaba.

Y me fui. Estaba a punto de cumplir los veinticinco años. Casi tu edad, Paoli.

La excusa fue un incidente de censura en la estación de televisión donde trabajaba. Pero no es que me hayan censurado solo a mí. Nos censuraban a todos. En mi caso, al jefe no le gustaron unas entrevistas que hice con dos críticos del sistema presidencialista en México y me pidió que los quitara del reportaje. Me negué a hacerlo y además me rehusé a suavizar mi guión. Por supuesto, me corrieron. O, más bien, antes de que me corrieran, yo renuncié. Me di ese gusto. Hace poquito, cuando estaba arreglando el garaje, encontré mi carta de renuncia. Y al releerla me volví a sentir bien, orgulloso de mi mismo.

Claro, me quedé sin trabajo. El resto de la historia ya se la saben: vendí mi auto, un volkswagen rojo muy viejito, saqué mis pocos ahorros del banco y me vine con una visa de estudiante a Los Ángeles. Todo lo que tenía lo podía cargar con mis dos manos.

Cambié mi vida por completo en tan sólo unas semanas. No sabía lo que quería, pero sí sabía perfectamente bien lo que no quería: yo no quería quedarme en un país donde no se pudieran decir las cosas abiertamente; no quería ser un periodista triste, pobre y censurado; no quería aguantar ese horrible estilo de dar órdenes en México, cargado de arrogancia y pedantería; y, sobre todo, no quería esperar a que las cosas cambiaran.

Tenía prisa.

El primer año fue el más difícil. Estudiaba unos cursos de periodismo y televisión en la Universidad de California en Los Ángeles (UCLA) mientras buscaba trabajo. A pesar de algunos amigos mexicanos que encontré en Los Ángeles, me sentía muy solo. No aguantaba las canciones que me acordaban de México y cambiaba rápidamente de estación o apagaba el radio. Me deprimían; la música me recordaba lo lejos que estaba.

Pronto entendí que lo primero que sacrifica un inmigrante al irse a otro país es el sentirse acompañado. La soledad es demoledora. Te preguntas una y mil veces ¿qué hago aquí? Te entran las dudas de si hiciste lo correcto al dejar tu país. Nada te emociona. Te sientes en un hoyo. Pero luego recuerdas por qué te fuiste y empiezas a salir adelante.

Exactamente al año, y gracias a un permiso de trabajo que conseguí al graduarme de mis estudios, comencé a trabajar en la televisión local de Los Ángeles. El canal treinta y cuatro era chiquitito; la única estación que transmitía en español. Hoy es una de las más vistas en toda la ciudad. Quién hubiera pensado que veintitantos años después estaría trabajando para la misma compañía.

Además de la estabilidad que eso implica, le he podido dar la vuelta al mundo varias veces persiguiendo noticias y entrevistando a los que hacen esas noticias. Si me hubiera quedado en México otra, muy distinta, sería mi historia y la de ustedes.

¿Cómo no voy a estar agradecido con este país?

Aprendí el inglés *very fast*. Tenía algunas bases por mis clases obligatorias en la escuela primaria pero, prácticamente, empecé de cero. Para mí, sin embargo, no había duda: si quería tener éxito en Estados Unidos tenía que aprender el idioma que hablaba la mayoría. Y lo aprendí. Con acento y con fallas gramaticales, pero lo aprendí.

Lo primero que me llamó la atención de Estados Unidos fue su diversidad. Aquí todos venían de otro lado. Estados Unidos es "una nación de muchas naciones," como decía Walt Whitman. Y eso ha formado una sociedad que, en su esencia, requiere el respeto a lo distinto. Cuando ser distinto es la norma es preciso proteger aquello que te hace único. Es por el interés de todos.

La tolerancia es el valor fundamental en una sociedad multiétnica, multirracial y multicultural. Es la única manera en que pueden convivir los que son tan distintos entre sí. Estados Unidos no se define por su lenguaje ni por su origen étnico o racial. Esta es una nación de muchas razas, etnias y lenguajes. Estados Unidos se define por sus valores: su tolerancia ante la diversidad, su aceptación de los inmigrantes y su impulso innovador. Este es el país que inventaron los extranjeros y que luego hicieron suyo.

Estados Unidos es, en verdad, un país que históricamente ha sido muy generoso con los inmigrantes como yo. Y quizás esto les brinque. Me van a decir que cómo puedo asegurar eso cuando me he pasado dos décadas de mi carrera denunciando la discriminación en contra de los indocumentados y el maltrato a inmigrantes en Estados Unidos.

Bueno, las dos cosas ocurren simultáneamente. Estados Unidos es un país que vive una especie de esquizofrenia migratoria. Les explico. Por una parte recibe, cada año, a cientos de miles de inmigrantes legales. Pero, por la otra, en sus comunidades y ciudades más conservadoras surgen frecuentemente movimientos y políticos antiinmigrantes que buscan romper con esta gran tradición norteamericana.

Estados Unidos, la única superpotencia mundial, tiene que encontrar la manera de dejar de perseguir dentro de su territorio a sus habitantes más vulnerables. Es una contradicción injustificable que millones de inmigrantes vivan con miedo en el llamado país de la libertad.

Al final, confío—basado en mi propia experiencia—que Estados Unidos defenderá y honrará esa maravillosa costumbre de abrirle sus puertas a quienes buscan la oportunidad de una vida mejor y a quienes se refugian de la persecución política que ocurre en otras partes del mundo.

Aquí hay una relación muy estrecha entre esfuerzo y resultados. Al que trabaja mucho, generalmente le va bien. Y no es que tenga una visión muy optimista de la sociedad norteamericana. Es una realidad. Yo he visto, aquí, a campesinos latinoamericanos comprarse casa propia, y a tortilleros y recogedores de basura convertidos en millonarios.

En Estados Unidos, a pesar de sus guerras y fantasmas, te puedes reinventar.

Aquí conozco a mucha más gente con éxito que gente que fracasa. Es el éxito en su más simple definición: un lugar seguro donde vivir, un trabajo decente, escuela para los niños, cuidado médico y, sobre todo, la libertad de hacer y decir lo que uno quiera.

Conozco a gente que trabaja mucho más de ocho horas diarias en San Salvador, Guatemala, Oaxaca y Medellín y que morirán irremediablemente pobres. Allá está fracturada la relación entre esfuerzo y resultados. Sólo imagínense cómo ve el futuro un joven chiapaneco, cachaco o chamula que acaba de salir de la preparatoria o la universidad y se da cuenta de que, no importa cuánto haya estudiado, en su país no hay buenos empleos para él y sus compañeros de clase.

No puedo culpar a esos jóvenes por dirigir su mirada al norte. Yo hice lo mismo. Para un muchacho latinoamericano es frustrante saber que todavía hay barreras de clase y de raza que ni la mejor educación pueden romper.

Paola y Nicolás: hay que estar muy agradecidos de estar aquí.

América Latina es la región más desigual del mundo. Ustedes lo han visto cuando me acompañan de viaje a ver a su abuela y a sus primos. Una pésima distribución del ingreso le da al diez por ciento más rico casi la mitad de todas las ganancias económicas. Por eso Latinoamérica camina simultáneamente por dos caminos: creando a los ricos más ricos y multiplicando a sus pobres. Eso no está bien.

América Latina sigue siendo la tierra de los monopolios y oligopolios, de los pocos que se reparten entre sí el pastel. Y mientras la fiesta no se abra para todos, la gente se seguirá viniendo al norte. El principal producto de exportación de América Latina son sus mejores trabajadores.

Tengo que reconocerles que, a veces, cargo un sentimiento de culpa por haberme ido y por darme cuenta que he tenido mejores oportunidades en Estados Unidos que algunos de mis familiares y amigos en México. Es inevitable. Sigo conectado al país donde nací y crecí. Me pregunto, también, si hice lo correcto al irme. No quería—¡no podía!—esperar a que México cambiara para que se abrieran nuevas posibilidades para mí. Me urgía avanzar y el país no avanzaba tan rápido. Eran tiempos distintos. Y por eso me fui.

Aún así, siento una responsabilidad muy grande con lo que pasa allá. Me siento muy comprometido a contribuir en algo al país y a la gente que dejé. Es como si no me hubiera ido. No hay día en que no me entere a través de las noticias y de la Internet de lo que está ocurriendo. Es más, en muchas ocasiones estoy mejor informado de lo que pasa en América Latina que de lo último en Estados Unidos. Es como vivir en dos regiones del mundo simultáneamente.

Qué curioso pero constantemente pienso en regresar. Todavía. Siempre hay esa constante tentación de que el regreso es posible, de que en casa todo será mejor. Y luego, en un parpadeo, te das cuenta que las cosas que has logrado de este lado no te las puedes llevar allá. Y la ilusión del regreso, como una burbuja, se rompe.

La gente naturalmente prefiere vivir en una sociedad ya construida que en una que se está construyendo. Los que nos vinimos a Estados Unidos no le creímos a los políticos que prometieron un gobierno sin corrupción y amiguismos. No tuvimos la paciencia de esperar mejores maestros en las escuelas públicas. No nos arriesgamos a que un hijo fuera secuestrado por un narco o a que nos robaran el cheque quincenal a punta de pistola frente a una patrulla. No nos tragamos lo que decía la tele. No nos quedamos a esperar el aumento que nunca llegó ni el empleo que no se dio. Apostamos por el presente, no por el futuro.

¿Se han fijado que las discusiones políticas en esta nación tienen que ver, casi siempre, con el futuro y no con el pasado? Vengo de una región del mundo donde discutir el pasado y enlodarse en él es una tradición de 500 años. En cambio aquí hasta los deudos en los funerales ya están hablando de superar la pena y *move on*. Para un extranjero esto es algo raro pero, sin duda, obliga a la acción y a ver adelante.

Por eso estoy aquí.

Imagínense, Pao y Nick, vine sólo por un año y ya llevo un cuarto de siglo.

Ahora bien, no quiero pintarles una imagen distorsionada de Estados Unidos. Mientras escribo esta carta hay una guerra innecesaria en Irak. Decenas de miles han muerto; la mayoría civiles inocentes. El prestigio del gobierno de Estados Unidos está muy golpeado en el mundo. Pero déjenme decirles una cosa: Estados Unidos no es su presidente. Y esa es la maravilla de esta nación. Estados Unidos es mucho más que las decisiones de un solo hombre en una oficina oval de una casa blanca. Afortunadamente.

Me tocó cubrir los terribles actos terroristas del 11 de septiembre de 2001. Como se suspendieron todos los vuelos, me llevaron en auto desde Miami hasta Nueva York para ser testigo de lo que había ocurrido. Les aseguro que durante esos días el mundo estaba con Estados Unidos. Todos éramos norteamericanos. Pero luego esa buena voluntad mundial se evaporó en una guerra que se inició por razones equivocadas y contra un enemigo que no tuvo nada que ver con los actos terroristas.

Sin embargo, este es un país que sabe corregir rumbo. Su sistema de balance de poder está diseñado para rectificar abusos. Y esta guerra, espero, no será la excepción.

Por ahora, vivimos tiempos turbulentos. Tanto que hay quienes ven con nostalgia la tensión controlada de la guerra fría. La situación internacional es muy fluida. El terrorismo será parte de nuestras vidas por muchos años hasta que encontremos una estructura de convivencia entre civilizaciones e ideologías muy distintas. Necesitamos un orden internacional que permita el contacto entre contrarios y que elimine la intención de destruirse. Y estamos muy lejos de encontrarlo. Nos esperan tiempos difíciles.

La guerra no es lo único que me preocupa de Estados Unidos. Conozco pocos países donde la religión esté tan enredada con la política. Eso no es saludable en una sociedad democrática. Ni tampoco el uso arrogante del poder en un planeta unipolar. En una época en que el terrorismo nos puede convertir en víctimas en cualquier parte del mundo, es preciso formar nuevas alianzas, no nuevas disputas. Cooperar, no imponer.

Estados Unidos puede y debe proyectar hacia el mundo esos mismos valores democráticos—sobre todo el respeto a la diversidad y a lo distinto—que tan bien le han funcionado hacia su interior. Igual en la defensa de los derechos humanos que en la protección del medio ambiente. Eso se ha perdido últimamente.

No hay congruencia en una sólida democracia que abusa de su poder en el extranjero. No me lo tomen a mal. Querer y respetar a este país implica también criticar sus errores y sugerir nuevos caminos. Vengamos de donde vengamos.

Esto lo he aprendido aquí.

Es, después de todo, el país que hemos escogido para nuestra familia y el país que nos escogió a nosotros.

A veces siento que en Estados Unidos he encontrado el equilibrio perfecto. Estados Unidos está en un proceso tan claro de latinización que me siento cada vez más en casa.

Estados Unidos se hispaniza mientras el resto de América se americaniza. Y yo estoy parado exactamente en medio, entre dos patrias.

Estados Unidos es, para mí, una nación menos extraña que la que me recibió hace un cuarto de siglo. Este también es mi país. Y eso es algo que no hubiera podido decir hace unos años.

Para llevar una vida más o menos saludable hay que saber tres cosas: quién eres, qué te interesa y de dónde eres. Y yo soy de la casa donde dormí, crecí, comí y jugué de niño, donde compartí con mis hermanos, donde veía todos los días a mis padres.

Sueño mucho con ella. Pero hace un par de noches la soñé un poco distinta. Son mil variaciones a un mismo tema. El jardín estaba pintado con unas paredes rojas y tenía un techo con maderos para que colgaran las buganvilias. La casa original no era así. Ni era roja ni tenía buganvilias.

Distinta pero, en el fondo, yo sabía que era la misma casa. La conozco perfectamente más que ninguna otra, más que la que hoy habito. Y eso que llevo más de dos décadas sin visitarla.

Me da tranquilidad, seguridad, paz. Soy de ahí.

En Estados Unidos, en cambio, me he mudado tantas veces de casa, más de diez, que ya perdí la cuenta. No tengo ese *attachment*, no estoy atado a ninguna.

Y me pregunto si a ustedes dos les pasa lo mismo. ¿Tendrán esa misma seguridad que yo tengo de ser de un lugar? Yo soy de esa casa. Pero ustedes ¿de dónde son? ¿dónde se sintieron más a gusto? ¿con qué casa sueñan?

Ustedes son de muchos lados. Paola, tú eres norteamericana, latinoamericana y europea. Nico, tú eres igual del caribe que de México y Estados Unidos. Esto, desde luego, les da una perspectiva en la vida mucho más global y tolerante que la mayoría de sus compañeros. Y eso es un gran impulso para sus vidas. Pero me pregunto si les hará falta un ancla, si saben dónde está su casa.

Espero que la respuesta esté cerca de mí.

Con ustedes. Siempre. Donde sea.

Ya saben quién.

EL ARQUITECTO *que* QUERÍA SER MAGO

~

A los nietos de Jorge:

Tú no lo conociste, Nico. Tú por unos años, Paoli. Y yo por casi cuarenta. Pero en muchos sentidos, lo desconozco. Hay muchas cosas de su abuelo Jorge que quisiera saber y que, como en un rompecabezas, voy armando con recuerdos y preguntas a mi madre.

Quiero compartir con ustedes esta carta que le escribí a su abuelo años después de morir, ya cuando el dolor había subsanado. Luego de leerla quizás comprendan por qué me quedan tantas interrogantes respecto a su vida y sus decisiones. Y la comparto con la esperanza de que ustedes me lleguen a conocer mejor a mí de lo que yo lo conocí a él.

Aquí está la carta.

Hola Pa:

No nos pudimos despedir.

Eso sigue doliendo.

Mucho.

Ya sabía cuando me vine a vivir a Estados Unidos que algo así podía ocurrir. Pero nunca quise ni siquiera imaginarme que nos pasaría a nosotros. Uno nunca está preparado para la muerte de un padre. Y yo no estaba, Pa. No quería estarlo.

Una noche, mientras preparaba el noticiero en Miami, recibí una llamada de mi mamá desde la Ciudad de México. Me decía que te habían internado nuevamente en el hospital y que no estabas bien. Pero no noté en ella ese sentido de urgencia, esa clara indicación de que algo estaba a punto de ocurrir, de que fallecías.

Ya sabes cómo es mi mamá. Dice las cosas con mucha suavidad, para no lastimarnos, pensando siempre primero en el otro. Y ahora sé que, en ese momento, me estaba protegiendo. No quería que sufriera antes de tiempo.

La verdad es que ni siquiera me las olí. Durante tantos años había recibido tantas llamadas de ella avisándome de los repentinos cambios en tu estado de salud que esa conversación no me pareció nada fuera de lo normal.

Esta vez, sin embargo, era distinto.

Una hora después, quizás un poquito más tarde, mamá volvió a llamar.

"Jorge, tu papá no pudo aguantar más," me dijo lentamente, con las palabras entrecortadas por el llanto. No me lo esperaba y, además, no la escuché bien. Qué curiosa es la mente ¿verdad? No oí lo que no quería oír nunca.

"¿Cómo?" le pregunté subiendo la voz. "¿Se murió?" Lo dije así. Sin ninguna delicadeza. No podía creerlo. Unos minutos antes te suponía vivo, estable, en una cama de hospital.

"Si mi'jo, se nos fue," alcanzó a decir mi mamá.

El cuerpo se me aflojó y sentí que toda mi energía se había escapado por los pies. No sé exactamente cómo describirlo pero fue como si, de pronto, me hubiera quedado vacío por dentro, sin ningún soporte.

Nos quedamos juntos, mamá y yo, llorando por el teléfono. Qué escena tan patética. Qué situación tan desesperada: tú te habías muerto y yo estaba ahí, sentado y llorando, en una oficina a miles de millas de distancia. No me podía perdonar estar tan lejos. Tenía que estar junto a ti y no estaba.

Y luego hice algo totalmente irracional.

Le dije a mis compañeros de trabajo lo que había ocurrido e, inmediatamente después, les avisé que seguiría haciendo el noticiero de esa noche. Era la negación total. No quería aceptar que habías muerto. Quería que la vida siguiera igual. Y, de verdad, me puse a corregir los guiones del noticiero.

Mis compañeros—como miembros de una familia acostumbrada a compartir las cosas más increíbles e inusuales en una sala de redacción—me abrazaron y me insistieron en que me fuera a casa. Pero yo no quería. No les hice caso. "Sí puedo hacer el noticiero," les decía. "No se preocupen, sí puedo hacerlo." Así fue por un rato hasta que mi jefa, con cariño pero firmemente, me ordenó que me fuera. Y siempre se lo voy a agradecer. No estaba pensando con claridad.

Lloré todo el camino de regreso a casa. Estaba destruido. Sin embargo, tenía que hacer todos los arreglos de viaje para volar a México y hacer la maleta. ¿Te imaginas Pa?

En un momento así lo único que quería era tirarme a una cama y desaparecer.

Me dice mi amigo Bruno López que le sorprendió verme tan fuerte y controlado durante tu funeral. ¿Sabes qué? Pensé que me tocaba ser el hombre mayor de la familia y me tomé inconscientemente ese rol. Supuse que eso es lo que tú hubieras esperado de mí. Eso es, creo, lo que tú hubieras hecho también: estar en control. Aunque la verdad es que todos mis hermanos y mi madre habían llevado la parte más difícil. Ellos estuvieron contigo hasta el final.

Y te confieso otra cosa. No me atreví a verte dentro del féretro. Preferí recordarte en vida.

Desde luego sabía que estabas muy enfermo. Sin embargo, me dio muchos ánimos (y falsas esperanzas) el permiso de tu cardiólogo de venir a visitarme a Miami unos meses antes de tu muerte. Pensé que era una señal de que las cosas mejoraban. No fue así. El doctor sabía que te quedaba poco tiempo y sabiamente te permitió usarlo como más quisieras. Me cae bien tu doctor. Pensó primero en el ser humano y luego en el paciente.

Creo que nos la pasamos muy bien en Miami, ¿no crees? No hicimos muchas cosas: un par de salidas a restaurantes, pláticas en la casa, un paseíto al *mall*, noches viendo la televisión. Pero lo que más recuerdo de esa, tu última visita, fue lo cambiado que estabas. Nada te enojaba, nada te molestaba, a todo decías que sí.

Cuando éramos chiquitos muchas cosas te enojaban y te molestaban y casi siempre decías que no. No creo, de verdad, que fueras así. Creías que así se debería comportar un papá. Era tu rol. Pero ahora sé que, en el fondo, eras más tolerante, menos disciplinado y mucho más cariñoso de lo que te permitías mostrar.

Los padres de esta generación somos distintos. Creo que hemos reaccionado a la severidad y dureza con que nos educaron los papás de tu generación. En ocasiones nos hemos ido al otro extremo: ustedes no jugaban mucho con sus hijos, nosotros sí; no se atrevían a acariciar o ser tiernos con sus hijos, nosotros sí; mantenían su distancia e imponían su autoridad, nosotros no hacemos eso; y creían que consentir y darle mucho a sus hijos era echarlos a perder, nosotros no. Nosotros somos muy accesibles a nuestros hijos. Los papás de tu generación no siempre lo eran.

Siempre estabas trabajando o haciendo algo. Siempre. No sabías relajarte. No conozco a nadie que le costara tanto trabajo el descansar. Es como si tuvieras una gran inquietud interna que te obligara a la acción.

Ahora como papá entiendo que tu principal preocupación era sacar adelante a la familia. Hombre, darle de comer a cinco niños, pagarles una escuela privada, vestirlos y sacarlos de vez en cuando a un restaurante y de vacaciones, no era cosa fácil, ¿verdad? Lo comprendo. Y te veía poco. Entre semana te ibas a trabajar muy temprano y regresabas un poquito antes de que nos durmiéramos. Por un tiempo hasta tuviste que trabajar los sábados hasta el mediodía. ¿Te acuerdas?

Ahora comprendo pero de niño no. Nunca te reclamé que no jugaras con nosotros. Para serte sincero jamás se me ocurrió que eso fuera posible. Eso no es lo que hacían los papás de esa época. O eso creía. Y eso creías tú. Así que nos perdimos varias sesiones de luchitas y de ese contacto físico que—ahora sé—tan bien hace entre padres e hijos. Éramos de pocos abrazos y de pocos cariños.

Los dos nos lo perdimos. Por no saber. Qué pena.

A cambio de esa camaradería nos transmitiste mucha seguridad y confianza. Si estábamos junto a ti nada malo nos podría pasar. Eras el más fuerte, el mejor, el que todo lo podía resolver. No sabes la emoción que me daba cuando llegabas a casa, cada uno o dos años, con un carro nuevo y tocando el claxon. Bueno, no me cansaba de presumírselo a mis amigos. Y tu cara, manejando el coche, era una postal de alegría y satisfacción. Había también en eso algo de infantil, del niño que enseña su juguete nuevo.

Mis hermanos y yo nos metíamos al carro y saltábamos de un asiento al otro, tocábamos el claxon, como tú, dos series de tres veces seguidas, y no había un papá más orgulloso en todo el continente. Luego, nos dabas un paseo por la colonia. Tú sacabas el codo por la ventana, manejando con una mano, y nosotros sacábamos la cabeza por la ventana de atrás para que nos vieran nuestros amigos. Los cinturones de seguridad ni siquiera existían así que el asiento de atrás del auto era un caos de piernas, brazos y copetes güeros.

Para nosotros eras "Pa," y para los otros eras "el arquitecto." Pero había mucho del arquitecto en el Pa. Casi siempre estabas perfectamente vestido, bien combinado, con corbata colorida y muy moderna, y perfumado hasta el bigote. Tus cigarrillos, siempre encendidos mientras éramos niños, te daban un cierto aire de un patilludo Humphrey Bogart mexicano. Los ojos azules completaban el retrato. "Ay, qué guapo es tu papí," me decían mis tías Avalos, cuando salíamos a comer los fines de semana. Y Ma solo esbozaba una sonrisa afirmativa. Esos eran tus mejores momentos: cuando tú estabas en control, cuando las cosas te salían bien, cuando nadie te cuestionaba.

En ese instante, ni antes ni después, eras feliz.

Yo me fijaba mucho en ti. ¿Te dabas cuenta?

Cuando te tomabas una rápida siesta después de la comida y antes de regresar al trabajo, yo subía a tu cuarto a espiarte. Entrelazabas los dedos de las manos sobre tu estómago y cerrabas los ojos. Seguía el ritmo de tus dedos velludos y de un anillo con una piedra verde, mientras subían y bajaban con la respiración. Nunca supe si dormías profundamente. Pero era asombroso cómo brincabas de la cama a los veinte minutos exactos. A veces hasta me asustaba de lo rápido que lo hacías. Te lavabas los dientes, te peinabas, te volvías a echar perfume y luego me dabas un beso con esos bigotes que invariablemente me picaban el cachete y me obligaban a rascarme mientras revisaba las arrugas de tu camisa sobre tu espalda.

Me daban mucha curiosidad tu incipiente pancita blanca, las pantorrillas sin pelos, el arqueado empeine y los lunares rojos en tu pecho y espalda. Y luego de verte corría al espejo del baño para comprobar si yo era igual a ti. Quería ser igual pero no era. Mi piel era mucho más oscura, no me salía ni un pelo en la barba y en el bigote, y mis piernas estaban más fuertes que las tuyas por tantas carreras y fútbol.

Para mí eras supermán. Quizás, sí, un poco inaccesible e impenetrable. No hablábamos mucho ni pasábamos tiempo juntos, solos, tú y yo. Pero eras invencible. Te admiraba. Para mí, todo lo hacías bien.

Hasta que un buen día, de forma inesperada, aceptaste jugar fútbol conmigo. Bueno, no es que nos fuéramos a echar un partidito. Simplemente accediste a tirar unos penales. Yo sería el portero. Me acuerdo tan bien que parece una fotografía. Estábamos en el jardín de la casa de mi abuelo, Miguel, el papá de mi mamá. Tú, como siempre, ibas vestido con zapatos negros y unos pantalones grises de vestir. Elegante.

Me coloqué junto a una puerta que hacía de marco de la portería, tú tomaste vuelo, corriste hacia la pelota… y fallaste. No le pudiste pegar. Luego, sin darle la mayor importancia a tu falta de puntería, le diste un puntapié al balón—esta vez sí atinaste—y yo lo paré sin problemas. Eso fue todo. Nuestro juego duró una patada. Te metiste por la puerta-portería a platicar con los mayores mientras que yo me quedé en el jardín llorando.

Nunca te lo conté, pero me desilusionó enormemente que no le hubieras podido pegar a la pelota. Y yo que te hacía tan bueno como Pelé. Se rompió la imagen de invencible que tenía de ti.

Aún así, necesitaba otra prueba. Y luego de mucho rogarte aceptaste mi invitación a que jugáramos basquetbol. Después de todo, nos habías contado que en la prepa o en la universidad jugaste con el equipo de tu escuela. El asunto resultó poco edificante para mí. No me acuerdo si metiste o no una canasta, pero me quedó muy claro que no eras un deportista. Qué raro ¿verdad? Te estaba midiendo según mis propios parámetros de lo que era importante. Y lo importante era jugar fútbol y basquetbol. Punto.

Pero creo, también, que esas fueron las primeras señales de que me estaba independizando antes de entrar en la preadolescencia. Supongo que si hubieras metido un gol o hecho una canasta, tampoco me habrías convencido. Estaba buscando una excusa para marcar mi distancia. Te estaba pidiendo que fueras alguien distinto y eso era imposible. A partir de ahí empezamos a chocar.

Ya no me gustaba la manera en que le regresabas el chocolate caliente a mamá porque: a) no tenía suficiente espuma b) no estaba muy caliente c) no le había quitado la nata, o d) sencillamente andabas de malas. Tus reglas en la casa—no podíamos ver la tele luego de las ocho y media de la noche, ni jugar en la sala o brincar en las camas, todo no, no, no—empezaban a molestarme.

Una vez, sin que te dieras cuenta, me acerqué a tus espaldas, mientras leías el periódico en el sofá, y te reventé un globo cerca del oído. Era una travesura. Pero salió mal. Te salió sangre de la oreja y, supongo, tuviste que ir al médico. Mientras regresabas, yo me moría de miedo. Temía un castigo o, peor aún, uno de tus gritos que me dejaban petrificado. Al volver a casa, sin embargo, te portaste muy bien y no me dijiste nada. Nada. Ahí quedó la cosa. Ese incidente estuvo cargado de simbolismo. Tu mundo no podía aceptar lo que venía de mi mundo. Te hería.

La imagen de invulnerabilidad que tenía de ti se desmoronó cuando te diagnosticaron una poco común malformación cerebral que te desmayaba y te podía matar si se reventaba una de las venas. Te operaron de emergencia en la Clínica Mayo—la mejor en ese entonces—y mi mamá me pidió que viajara con ustedes a Rochester, Minnesota. La situación estaba grave. Te daban pocas probabilidades de sobrevivir sin una lesión cerebral y mi mamá—a quien le prohibieron estar junto a su madre el día que murió—quería que yo estuviera presente durante la operación. Era tan solo un chamaquito pero en ese viaje me cayó una responsabilidad enorme. Nunca me volví a sentir niño.

En la adolescencia te hice sufrir mucho. Yo, como primogénito, quería abrir camino y tú no me dejabas. Tus horarios límites para llegar a la casa por la noche, luego de una fiesta, eran siempre una o dos horas antes que los de mis amigos. Supongo que de esto mismo se quejan todos los jóvenes ¿verdad? y yo no era la excepción. Lo que pasa es que tú y yo estábamos midiendo fuerzas.

En nuestra dinámica familiar—y sobre todo, en nuestra relación de padre e hijo—no aprendimos a discutir nuestras diferencias de una forma ordenada y pacífica. Parecíamos ingleses con paraguas hablando del tiempo. No se hablaba frecuentemente de lo que nos separaba. Y cuando por fin nos atrevíamos a romper ese código, tú ordenabas y yo me quejaba. Chocábamos.

En una comida, nos pusimos a hablar de religión. Raro. Supongo que tú querías saber por qué ya no iba a misa. Y para molestarte te dije que yo no creía en dios. Tus ojos casi se salen de su órbita y tu cara se transformó en puro enojo. Mis hermanos y mi mamá se quedaron callados. En realidad, en esa época estaba muy confundido respecto a la religión y no sabía qué pensar de la idea de dios. Pero sabía que eso te iba a doler y lo dije. Qué mal ¿verdad? Lo siento.

Lo peor de todo es que me levanté de la mesa—siempre me sentaba a tu derecha—y me fui del comedor. Esa hubiera sido una excelente oportunidad para discutir abiertamente un tema trascendental. Una discusión franca, escuchando tus argumentos y luego tú los míos, habría zanjado la incomunicación que nos alejaba cada vez más. Pero tu enojo y mi exabrupto terminaron con la comida y con la plática. Nadie quiso postre.

Tampoco hablábamos de sexo. Bueno, tan solo una vez. Hoy me enternece la plática que tuvimos. Me invitaste a ir al centro comercial a comprar no sé qué cosa y, tampoco sé por qué, acepté acompañarte. Teníamos muy poco contacto y tal vez ambos nos sentíamos culpables de eso. Además, en el fondo, nos necesitábamos.

Íbamos en el carro, escuchando tu música de orquestas norteamericanas, cuando me dijiste, sin ningún preámbulo, que te avisara si alguna vez yo quería estar con una mujer. Así. Eso fue todo. Supuse que me estabas ofreciendo el llevarme con una prostituta, aunque no hiciste ninguna aclaración.

"No, Pa," te contesté. Creo que ni siquiera te di las gracias por preguntarme.

De verdad que tuviste que agarrar fuerzas, no sé de dónde, para atreverte a hacer la pregunta. A mí me pareció una barbaridad lo que me estabas proponiendo. Yo todavía no tenía relaciones sexuales pero ya lo estaba hablando con mi novia. Y no quería iniciarme con una prostituta.

Ese breve instante fue otra oportunidad perdida. Cómo me apena, no sabes. Si me hubieras dicho cómo fue tu primera vez, quizás te habría contado mis planes. No sé. Era un tema complicado. Pero como nunca lo habíamos siquiera mencionado, ambos nos sentimos raros. En serio que ahora me conmueves. Era tan difícil para ti abrirte y hablar de las cosas que más nos importaban.

Si te sirve de consuelo, yo también tuve mis primeras pláticas sobre sexo con mi hija Paola dentro de un auto. Igualito como tú lo hiciste conmigo. Y seguramente el pobre Nicolás sufrirá del mismo e inhumano método Ramos. Tú lo creaste y tiene cierta lógica: en un carro en movimiento no hay escapatoria y no te queda más remedio que escuchar a tu papá.

Pa, gracias. Por tratar.

Eras un papá muy estricto y sólo tuve dos opciones: aceptaba de una forma sumisa lo que me decías o me rebelaba. Preferí, para tu desgracia, la segunda opción.

Eso hubiera sido impensable con tu padre. El nunca aceptó ser cuestionado. Nunca lo hablamos, pero me hubiera encantado saber cómo te llevabas con tu papá, por qué le tenías tanto miedo, por qué preferías mentirle a enfrentarlo. Nunca me contaste.

Hablar de mi abuelo—de su carácter duro, durísimo, autoritario, casi agrio, de su vida que lo llevó de la pobreza a un título de abogado y a varias propiedades—nos hubiera acercado a ti y a mí. Pero nunca lo hicimos. Quizás hubieras pensado que hablar de él a sus espaldas era una especie de traición. Aunque lo hablaras con tu hijo. Es como si él te pudiera escuchar siempre. Y creo que nunca te pudiste zafar de su control.

Mira, yo era el consentido de mi abuelo Gilberto. Me daba más dulces que a mis hermanos, más dinero los domingos y tuve el privilegio, no extendido a otros nietos, de acompañarlo a su rancho de Ramos Arizpe, donde cultivaba nueces, naranjas y aguacates. Pero, igual que tú, él prefería el silencio a la intimidad. Me lo imponía a pesar de sus muestras materiales de cariño.

Siempre sospeché que habías tenido una relación muy tensa con tu padre. Miedo antes que amor. Tengo la impresión, y es una pena que no hayamos hablado de esto antes, que te obligó a estudiar arquitectura. Lo sospecho porque cuando yo iba a escoger una carrera universitaria, tú me sugeriste las mismas cuatro opciones que te dio tu padre: arquitectura, ingeniería, medicina o abogacía. Eran, para ti y para él, las únicas opciones válidas, legítimas.

Claro que cuando yo te dije que quería estudiar comunicación, tu brincaste y me dijiste: "¿Y qué vas a hacer con eso?" "Eso" era cualquier carrera que no estuviera entre las aprobadas por el abuelo Gilberto. Fue en esa época, creo, cuando le quité el "Gilberto" a mi nombre compuesto "Jorge Gilberto." Con dos Gilbertos, tú y él, bastaban. Yo no quería ser el tercer Gilberto. Ni ser abogado, doctor, arquitecto o ingeniero.

Cuando nació Nicolás decidí romper con esa tradición de nombre que pasan de padre a hijo. No más Gilbertos. No más Jorges. Quería que mi hijo hiciera su propio camino y tuviera un nombre propio, original. Y le pusimos Nicolás David.

¿Sabes? Tengo la teoría de que tú hubieras preferido ser mago y no arquitecto. Seguro mis hermanos creen que estoy loco. Pero te voy a decir por qué.

Cuando nos hacías esos actos de magia a mis hermanos y a mí y a nuestros amigos, o cuando venías de la tienda de magia con nuevos trucos, tus ojos brillaban con una intensidad que era común en ti. Te volvías niño. ¡Sí, eso era! Cuando te convertías en mago tenías ojos de niño. Había travesura y sorpresa y alegría en tu mirada. Pero sólo cuando eras mago.

Tu truco más frecuente era cuando pretendías arrancarte un dedo. Ya nos lo sabíamos de memoria. Aunque siempre lograbas atraer nuestra atención. A veces hasta nos apenaba cuando llegabas a la casa de unos amigos e inmediatamente le querías mostrar tus magias a los niños. "Qué pena," nos decíamos los hermanos, con la voz baja, "ahí va mi papá con otra de sus mafufadas." Pero a ti no te daba pena y los niños se divertían.

Creo, Pa, que debiste haber sido mago y mandar al carajo las sugerencias de mi abuelo Gilberto. Habrías sido más feliz. Eras buen arquitecto. Tenías talento aunque no pasión por tu profesión. Pero la magia era lo tuyo.

Te gustaba hacer desaparecer cosas.

Si hubieras podido, estoy seguro, habrías desaparecido con un chasquido mágico esas presiones familiares que te orillaron a ser alguien muy distinto a lo que tú, en verdad, querías. Mago y no arquitecto. Creo que por tratar de complacer a tu padre te perdiste en el camino. Trataste de hacer las dos cosas: agradar al abuelo y, en secreto, llevar la vida que tú querías. Y en un momento dado tuviste que mentir para llevar esa vida doble. Ahí estuvo el error. No te juzgo. Sólo apunto al momento que te quebró.

Trataste de venderle a tu padre la imagen de un hijo perfecto. Pero era su idea de perfección. No la tuya. Tú, solito, habrías escogido otros caminos. Menos rígidos, tal vez menos exitosos, pero más cercanos a tus verdaderos deseos.

A pesar de que eras un tipo muy atractivo, tus ojos arrastraban algo de tristeza y angustia. Y sólo en el coqueteo tu sonrisa se abría sin miedo, enmarcada por unos bien recortados bigotes negros y grises.

Creo que no estabas en paz.

Cuando te diste cuenta que no eras feliz, ya habías tomado muchas decisiones irremediables. No había marcha atrás. En serio que te imagino pensando cómo sacar dinero para darle de comer a tanto chamaco y, al mismo tiempo, tener esos lujitos que se esperaban de ti. Era mucha presión.

Te pasabas el día haciendo cosas que no te gustaban. No me extraña que hayas cambiado tanto de empleos. No estabas a gusto en ningún sitio porque, en el fondo, no estabas a gusto contigo mismo. Perdóname que te lo diga así.

Y tu constante mal humor era solo una señal de esa insatisfacción. Te peleabas hasta con el panadero y pobre de aquel que se te cruzara con el carro: lo bañabas en insultos y claxonazos. A nosotros eso nos daba una extraña combinación de terror y risa. Nunca sabíamos cuando iba a surgir la nueva pelea y por eso dejamos de acompañarte en el auto.

No eras una persona introspectiva. Y eso complicó la corrección de rumbo. ¿Cómo cambiar si no sabías hacia donde, si no te atrevías a pedir ayuda?

Creo, Pa, que hubieras sido un gran mago.

Me acuerdo cómo disfrutabas los programas de televisión del viejo mago Chenkai y no dejabas de comentar el día que viste a un mago en Las Vegas—¿habrá sido un joven David Copperfield?— desaparecer un helicóptero del escenario.

A lo mejor querías ser ilusionista para hacer desaparecer lo que te incomodaba. ¿Qué habrías hecho desaparecer?

Sé que buscaste apoyo fuera de nuestra familia, pero tampoco te dejó tranquilo. Te distrajo pero no te alivió. Luchabas por ser tú mismo y no podías.

¿Sabes qué? Aprendí algo muy importante de ti. A lo mejor suena muy duro pero igual te lo voy a decir. Aprendí por oposición a ti. Crecí enfrentándote. Aprendí a no seguir tu camino. No quería ser tú. Aprendí, como decía Hesse, a hacer lo que brotaba espontáneamente de mí. Yo te veía tan incómodo, tan insatisfecho con la vida que llevabas que pensé hacer lo opuesto a ti. Iba a escoger la carrera que yo quisiera, no la que otros querían para mí. Y, sobre todo, iba a llevar la vida que yo quisiera para mí, no la que otros imaginaron.

Aprendí a ser yo mismo. Y eso te lo debo a ti.

Pero lo que más me duele de todo es que no te conocí bien. Apenas nos permitimos rascar lo de encimita. Quisiera saber por qué te enojabas tanto, por qué siempre tenías que estar haciendo algo, por qué no podías disfrutar de las cosas más sencillas: una plática, una caminata, un partido de fútbol en la televisión.

Lo que sí te relajaba, y mucho, era regar el jardín de la casa. Te pasabas casi una hora regando los fines de semana. Yo te veía regar por la ventana de tu cuarto y me preguntaba en qué tanto estarías pensando. Pero nunca bajé a preguntarte. Qué tonto. ¿Sabes qué me faltó? Esa conexión tan especial que dicen que se da entre un padre y su primer hijo varón.

Las cosas entre tú y yo mejoraron cuando me vine a vivir a Estados Unidos. ¿Estás de acuerdo?

Cuando se rompió esa relación de autoridad, nos empezamos a conocer mejor. La gran ironía es que esto ocurrió mientras estábamos a miles de millas de distancia. Tú ya no eras la persona que me decía que, mientras yo viviera en tu casa, tenía que hacer lo que tú dijeras. Yo ya no era el joven rebelde cuyo comportamiento parecía destinado a hacerte la vida imposible.

Entonces bajamos la guardia.

Cuando yo viajaba a verlos a la Ciudad de México, me recibías con mucho cariño y hasta con gestos de aprecio—un largo abrazo, una pregunta sincera sobre mi nueva vida, un comentario de cuánto me extrañabas—que no me extendías antes. Algo estaba cambiando y fue muy rico. Te acompañaba a hacer tus compras, oíamos música en tu coche—la misma de siempre, ni modo—y hasta hicimos un maravilloso e interesante viaje por Grecia, Egipto e Israel.

¿Te acuerdas de la emoción y los nervios cuando cambiábamos dinero en el mercado negro de El Cairo? ¿Y del avión al que se le metía el polvo del desierto que separa la capital egipcia y Tel Aviv? ¿Y del barco que nos llevó a Creta y que parecía de papel en medio de una tormenta nocturna?

Fue padre recuperar a mi padre.

Y yo sé que tú te sentías igual. Por fin me abrazabas y, aunque no decías mucho, me querías cerca de ti. Mi mamá dice que estabas muy orgulloso de mí. No me lo decías pero yo lo intuía.

Tras cada uno de tus dos infartos te debilitaste. Y tu debilidad física se tradujo en una franca apertura emocional. No es que estuvieras consciente de que te ibas a morir sino que, sinceramente, buscabas compañía y apoyo.

Después de una de tus largas estancias en el hospital, tenías las piernas flacas y muy secas. Y te puse crema con mucho cuidado y cariño. Era la primera vez que me dejabas tocarte y cuidarte así. Me agradeciste mucho ese masaje. Los papeles se habían virado. Ahora tú eras el niño.

Teníamos, además, una sabrosa complicidad: las galletas de mantequilla. Cada vez que iba a México te llevaba varias cajitas de Pepperidge Farm Chessmen Cookies. Te encantaban. Las escondías como un tesoro para que no se las acabaran mis hermanos. Pa, no lo vas a creer, pero me siguen gustando—me las como con trozos de mantequilla encima—y me siguen recordando a ti. Son tus galletas.

Otra de nuestras grandes alegrías fue posible gracias a la tecnología. Un buen día descubriste que desde la Ciudad de México podías ver por cable el noticiero que yo hago en Estados Unidos. De alguna manera nos conectábamos todas las noches. A veces, recordando tu gusto por las corbatas llamativas, me ponía una en tu honor. "¡Corbatita que te pusiste hoy!" me decías por teléfono luego del noticiero y reíamos juntos. (¿Te conté alguna vez que cuando me vine a vivir a Estados Unidos me "robé" varias corbatas tuyas? Una de rayas blancas y negras la tuve hasta hace poquito.)

La mayor parte de las veces no le ponías atención a las noticias. Prendías la televisión para verme y ya. Cuando te preguntaba qué te había parecido una nota o una entrevista, solías decirme que no sabías, que sólo me querías ver. Y así, a lo lejos, me acompañabas y te acompañaba.

Éramos, de nuevo, cómplices. Yo sabía que me veías y tú sabías que yo lo sabía. Nadie más. O quizás mamá. Aunque ella nos hacía creer que sólo tú y yo compartíamos el secreto.

Qué increíble ¿verdad? Qué forma tan extraña de querernos; yo haciendo un noticiero y tú viendo la tele. Pero nos funcionaba.

No sé por qué nunca platicamos a fondo, haciéndote las preguntas que están esparcidas en esta carta. Tal vez no quería forzar ese frágil equilibrio que con tanto esfuerzo habíamos logrado. Prefería esa relación, cordial y cariñosa aunque incompleta, que correr el riesgo de un enojo, un malentendido o un rompimiento. Por fin había conectado contigo y no estaba dispuesto a perderte. Otra vez.

Estamos en paz ¿verdad Pa? Siento que, al final, hicimos las paces. Por eso vivo tranquilo y sonrío cada vez que me acuerdo de ti.

De niño no recuerdo que me dijeras nunca que me querías. Yo tampoco te lo decía. Pero luego de este reencuentro nos lo repetíamos cada vez que hablábamos. Las primeras veces fue difícil. Había que romper el molde Ramos. Luego se hizo lo más normal. Así debió haber sido siempre. Qué pérdida de tiempo.

A los que sí te perdiste por tu rápida partida fueron a Paola y a Nico. Bueno, con Paola sí pasaste unos ratitos muy agradables—cuando nos visitaban, le gustaba meterse en tu cama, en medio de ti y de mi mamá—y no sabes cómo lloró el día que le dije que habías muerto. Lloraba y lloraba y no entendía cómo alguien podía desaparecer de un momento a otro. La estuve abrazando varios minutos hasta que se le pasó. Y luego me preguntó si te habías ido al cielo con las estrellas y le dije que sí. ¿Qué le iba a decir? Fue la primera vez que se enfrentó a algo así.

Y con Nico te habrías divertido mucho viéndolo jugar fútbol. Es buenísimo, no sabes. Le pega a la pelota como Beckham; es todo un espectáculo verlo jugar. Casi te puedo imaginar a un lado de la cancha, todos los sábados, viéndolo jugar su partido del campeonato infantil. Yo era bueno jugando fútbol pero Nico es muy superior. El dice que quiere jugar en un mundial y yo, te imaginarás, feliz de la vida. Ya veremos qué decide hacer con su vida y con sus duras piernas de deportista.

¿Sabes? He pensado mucho en lo que te mató tan joven. Sesenta y tres años. ¿Qué habrá sido, Pa? Mientras revisaba algunos papeles viejos me encontré tu acta de defunción. No recuerdo haberle visto antes. Es una fotocopia que apenas se puede leer. En las causas de la muerte dice: "Insuficiencia cardíaca retractaria, infarto agudo al miocardio, cardiopatía arteroesclerosa." Sin duda tanto cigarro y esa dieta matutina de huevos, tocino, pan con mantequilla y chocolate caliente. El doctor nos dijo que tus venas y arterias eran como de cartón. ¿Será? Tampoco recuerdo que hicieras ejercicio. Bueno, ni siquiera tenías zapatos tenis. Un día que fuimos a la playa de Acapulco te nos apareciste con tus zapatos negros del trabajo, calcetines oscuros y el traje de baño debajo de unos pantalones de lana. Qué risa nos dio a mis hermanos y a mí. Supongo que a ti no te cayó nada en gracia.

Tras tu muerte todos en la familia hemos pasado por el cardiólogo. Pero yo sigo haciendo mis cálculos sobre cuántos años más te hubiera dado de vida unos cigarros menos. Me haces falta a mi lado viendo a Nico jugar fútbol. No sabes el odio que le agarré a las compañías tabacaleras. Cuando tú comenzaste a fumar no había esa consciencia de que el cigarrillo mata. Y ya ves. En el fondo, fue tu decisión. Luego lo dejaste aunque fue demasiado tarde.

Me costó mucho trabajo aceptar tu muerte. ¿Sabes? Lo más difícil de todo era el vacío. Esa terrible ausencia. Era saber que no me ibas a contestar el teléfono y que ya no estabas viendo mi noticiero y que ya nunca iba a oler esa combinación de tabaco con loción.

Arrastré ese vacío por mucho tiempo. Hasta que un buen día me tocó entrevistar a la escritora chilena, Isabel Allende. Ella acababa de perder a su hija Paula por una terrible enfermedad y estaba promoviendo su último libro. Por una de esas extrañas coincidencias, mi mamá estaba en Miami y la invité a la entrevista. Las dos hicieron *click* desde el principio. Fue muy impresionante. Y los tres compartíamos la pena de haber perdido a un ser querido.

A las semanas de la entrevista me llegó una maravillosa tarjeta de Isabel. Y ahí recibí el mejor consejo de mi vida. Me dijo que "los muertos más queridos nunca se van del todo… tu padre está dentro de ti ahora, lo llevas en la memoria, en los genes y en muchos gestos que tú haces, pero son suyos."

Eso, Pa, lo cambió todo.

De pronto, te empecé a encontrar en mí. ¿Sabes que bostezo igual que tú? ¿Y que trato de agarrar los mosquitos en vuelo igual que tú? El color de mi panza y de las uñas es igual que el tuyo. Tenemos el mismo arco en los pies. Nos morimos de frío al primer vientecito. Somos muy sentimentales aunque lo escondemos en una coraza de seriedad. Oímos la música muy fuerte en el auto. Nos gusta que nos apapachen pero no lo decimos ni lo pedimos. Somos unos niños escondidos.

Cada vez que descubro algo de ti—y es muy seguido—me alegro. Ya pasó esa tristeza pesada y apagada vinculada con tu recuerdo. Acordarme de ti es un festín, lo celebro. Te encuentro en todos lados. Y así me acompañas todos los días.

Yo sé que tú creías que tras morir nos reuniríamos todos en el cielo. Pa, lo siento, pero sigo siendo muy escéptico. Sin embargo, quizás el cielo es aquí y ahora. De alguna forma yo te llevo en mí y hasta Nicolás lleva algo de ti. El otro día me quedé en *shock* cuando lo vi bostezar igual que nosotros dos. Así, abriendo la boca y haciendo un inconfundible ruido gutural. "Bostezas igual que tu abuelo Jorge," le dije a Nico, y cuando lo abracé fue, de alguna manera, abrazarte a ti también. Raro ¿verdad? Pero rico.

Al principio de esta carta te dije que me había dolido mucho el no poder despedirme de ti. Pero, pensándolo bien, sí tuvimos nuestra despedida.

Un par de semanas antes de morir, te fui a visitar a tu nuevo apartamento en la Ciudad de México. Hacía un poco de frío y llevabas un sabroso suéter de lana. Picaba un poquito. Hablamos de lo que siempre hablábamos, es decir, nada muy importante, y luego te di un beso y un abrazo para despedirme. Caminé hacia la puerta y volteé a verte. Y no sé por qué pero no me pude ir. Algo me lo impedía. Te vi a tus ojos azules, más tristes que de costumbre, y regresé a darte otro abrazo. Este fue largo, apretado, juntando los cachetes de la cara, sintiendo tu emocionada respiración. No nos queríamos despegar.

Ese fue nuestro último abrazo. Esa fue, Pa, la despedida.

DÓNDE GUARDO MIS SECRETOS

~

Mis hijos:

Tengo secretos guardados por todos lados. Y aquí les voy a contar cómo encontrarlos.

Hay cosas que son muy mías. Tan mías que ni siquiera sospechan. Y una de ellas es que toco guitarra clásica. Ese es un secreto que he tenido, literalmente, guardado en el clóset. En el clóset de mi oficina.

Ahí tengo arrumbada mi guitarra. Está igualita que cuando tocaba de niño. De hecho, es un misterio cómo ha resistido tanto tiempo sin doblarse o romperse. Es una buena guitarra michoacana. Y no me lo van a creer, pero las cuerdas tampoco se han roto. Ninguna de las seis.

Esa guitarra me ha acompañado en cada momento de mi aventura americana. Llegó conmigo a Los Ángeles una noche hace veintitantos años y sigue aquí, frente a mí, muda, desesperada por vibrar y sonar. Siempre con la esperanza de que en algún momento de desesperación o nostalgia la rescate y la regrese a la vida. Una guitarra sin tocar es una oportunidad perdida; es un escritor sin manos, un cantante sin voz. Pero ella sabe—mi guitarra—que un día voy a regresar. Es mi Penélope encordada.

Todo comenzó con un malentendido.

Cuando estaba entrando en la adolescencia, por ahí de los doce años, le dije a mi papá que quería aprender a tocar la guitarra. En realidad, lo que le debí haber dicho es que quería ser un rockero; tocar en un estadio, brincar en el escenario, desgreñarme, gritar mis rolas. Me encantaban los Beatles—o los Bítles según la pronunciación mexicana—y había una canción, Michelle, que quería aprender a tocar.

El caso es que mi papá conocía a un maestro que daba clases de guitarra en la YMCA y me llevó. Mi maestro, Oscar Cué, no era un rockero. Tenía el pelo largo pero era maestro de guitarra clásica. Al par de meses me aprendí la canción que quería. No sonaba como la Michelle de los Beatles, sin embargo, me entró el gusto por tocar. Y así, entre cuerdas, descubrí un secreto: tocar la guitarra me relajaba y me transportaba a un universo aparte.

Imagínense a su padre: en lugar de arrancarle canciones de rock a una guitarra eléctrica, de pronto estaba tocando composiciones españolas del año 1580—una de ellas se llamaba "Guárdame las Vacas" y me daba pena compartir el nombre con quienes me escuchaban—y obras de Johann Sebastian Bach, Puccini y Francisco Tárrega. Claro, cuando me invitaban a las fiestas y mis amigos querían escucharme tocar la guitarra, eso no era un fandango. Decían: "Ah, sí, qué bonito tocas," me escuchaban un tiempo prudente para no ser groseros y se iban a bailar. Yo también, dejaba la guitarra, y me iba a donde estaba la música de rock.

Pero la guitarra me abrió muchos caminos. La primera vez que salí en televisión fue tocando en un concurso a nivel nacional. Yo era el único niño y de inmediato quedé eliminado. No me importó. Vencí los nervios y seguí practicando. Ya a los dieciseis di mi primer concierto. Tengo frente a mí el programa de ese concierto y aparece mi foto, muy serio—¿qué raro verdad?—con un traje gris claro, una corbata de mi papá y un copete que casi me tapa los ojos.

Creo que di otro concierto más y luego dejé de tomar clases. En realidad no tenía un buen oído musical y preferí dedicarme a la universidad. La guitarra no era, para mí, la mejor forma de expresarme. Pero más de ocho años de práctica continua me dejaron marcado.

Ya no tengo los callos en las puntas de mis dedos, aunque me acostumbré a llevar las uñas de los dedos muy cortas. Es difícil de creer, pero esa pieza que toqué en el concurso por televisión—Sarabanda de la suite en Re menor de Robert de Visee—es la única que recuerdo en su totalidad. Del resto, sólo son pedacitos por aquí y por allá.

Con eso me basta para escaparme por las cuerdas.

Tocar guitarra me ayuda a vivir en paz. En realidad, toco muy poco. Pero ese poco me relaja. Con los primeros acordes siento la vibración del instrumento contra mis piernas, mi estómago, mi pecho. Es el cosquilleo del comienzo de un beso. Lo mejor es cuando nadie me escucha, cuando no importa si me equivoco, cuando estoy solo con la guitarra y, entonces, ella se convierte casi en persona. Platicamos, peleamos, nos jalamos, nos empujamos, nos amamos.

La guitarra no tiene la fuerza del violín ni la sonoridad del trombón o la batería. Tiene, en cambio, esa suavidad que va más acorde con el ritmo del corazón. El sonido de la guitarra me masajea por dentro. Vean de cerca cómo vibra una cuerda de la guitarra y los dejará hipnotizados: es un largo óvalo que termina, cansado, en una línea recta.

Mi iPod es una ensalada de música de guitarra del siglo XVI, tocada por Christopher Parkening, combinada con Sting, Maná, Shakira, Ana Torroja, Dido, Damien Rice, Serrat, Julieta Venegas, Lu, Bosé, Reyli, U2 y Bob Marley, entre otros.

Con ese aparatito blanco salgo algunas veces a correr. Esa es mi otra forma de escaparme, de matar el estrés. La aprendí también de adolescente cuando me dispuse a ser un atleta olímpico. Creo que ya se saben la historia, Paola y Nico. Pero déjenme comenzar por el principio.

Corro. Rápido. Así he sido desde niño. Y una vez convencí a un funcionario del Comité Olímpico Mexicano de que me dejara entrenar pista y campo para ir a unas olimpíadas. No sé cómo lo hice. Pero al día siguiente de mi súplica—porque fue mas eso que una petición—ya estaba dándole vueltas a la pista del centro de entrenamiento del equipo mexicano de atletismo.

Me encantaba hacer salto de altura pero como no llego ni al metro con setenta centímetros (unos cinco pies con nueve pulgadas) mi futuro como saltador quedó truncado. De ahí pasé a correr los 400 metros con obstáculos. Y nos quedó claro a todos, incluyendo a mi entrenador, que lo mío era correr. Sin embargo, llevaba en mi espalda un piquete que terminaría con mis aspiraciones olímpicas.

Ese piquete, arriba de la cadera, era el primer síntoma de una columna vertebral malformada. Me tomó por sorpresa. Si no hubiera querido ir a unos juegos olímpicos no tendría importancia. Pero una serie de estudios médicos y radiografías determinaron que una de mis vértebras no había cerrado bien desde mi nacimiento y que, si quería seguir corriendo para unos juegos olímpicos, era necesario someterme a una peligrosa operación. No había una salida fácil: si la operación salía mal podría quedar parapléjico; si salía bien, de todas formas perdería movilidad y, quizás, nunca más podría volver a entrenar.

Tras varias semanas de angustia y de consultarlo con mis padres, decidí no operarme, llevar una vida normal y colgué mis *spikes* (mis zapatos verdes para correr) y mis sueños olímpicos. Fue la primera vez en mi vida en que lloré y lloré desconsoladamente. El mundo—mi mundo—se desmoronó. De joven eres puros sueños y yo me había quedado sin el más importante.

Me tuve que reinventar.

Las tardes luego de la escuela, que antes dedicaba a correr y a entrenar, se convirtieron en un suplicio. No sabía qué hacer. Podía tocar guitarra pero después de un par de horas me desesperaba. Necesitaba hacer algo que, físicamente, sacara mis energías. Mis piernas hormigueaban por moverse. Sentía mi cuerpo adolescente a punto de explotar. Y violando las órdenes de los doctores volví a correr.

No eran, sin embargo, esos entrenamientos extenuantes a los que estaba acostumbrado con el equipo preolímpico. Eran sólo largas carreras en mi vecindario. Corría hasta cansarme, hasta que mi agitada y desesperada mente regresaba a un punto de balance. Luego de correr me sentía mejor. La vida podía continuar. Tenía cuidado de correr sobre el pasto y en superficies suaves para no empeorar la situación de mi columna. Y a los pocos meses dejé de sentir esos pinchazos de dolor en la espalda.

Correr se convirtió en mi escape.

Mejor aún: tras los primeros minutos de echarme a correr podía pensar con mayor claridad sobre el resto de mi día. Y luego de varios meses de correr, aprendí a entrar en ese estado de concentración—que los atletas llaman "la zona"—y que me hacía sentir que flotaba. Cuando mi cuerpo alcanzaba ese momento de absoluta fluidez y armonía, desaparecía el cansancio y el dolor. Y mi objetivo era extenderlo lo más posible. Era casi un hipnotismo. Me ponía *high* de puro correr. A veces un auto, un perro, un ruido o un pensamiento atorado rompía mi concentración. Pero ese sentimiento de estar completo, de no necesitar nada más, era único.

Eso es lo mejor que aprendí de correr.

No pude ir a unas olimpíadas, pero encontré un método para vivir mejor, sin tanto estrés. Nunca usé drogas para escaparme de mi realidad: bastaban un par de tenis y una calle para buscar soluciones.

Además, de mis años de entrenamiento aprendí que siempre hay que cruzar la meta corriendo. Detenerse al final o bajar el ritmo puede cambiarlo todo y convertirte de ganador a perdedor.

Hasta el día de hoy, cada vez que me siento estresado o con algún problema, salgo a correr. Los momentos más difíciles de mi vida son precedidos o seguidos por una buena carrera. Invariablemente me siento mejor y con mayor claridad luego de hacerlo.

Ese es el secreto que descubrí en mis pies.

Otros secretos los encontré en las páginas de los libros.

Leer es una actividad solitaria. ¿Se han fijado que hay algo de tristeza y melancolía en el que lee? El que lee prefiere, en ese preciso momento, estar solo. Escoge la vida interna sobre la externa. Hay una intensidad contenida en el hecho de leer. ¿Por qué leemos? Porque la lectura nos revuelca en mundos nuevos, te mete en la vida de los otros, rescata lo que tienes más escondido, te enseña lo que nunca te atreviste a imaginar, te descubre lugares, circunstancias y sentimientos que, hasta antes de pasar la página, desconocías y, sobre todo, te conecta: contigo mismo, con el autor, con los personajes, con otros tiempos o con eso que tanto te aterra o te alegra. Leemos porque, con un libro en la mano, somos otros.

Hay libros en mi vida que son como mis mejores amigos. *Demián*, *Ulises* y *Paula* me han acompañado tanto tiempo como mis grandes amigos Benjamín, José Luis, Gloria, Félix, María Amparo, Walo, Elisa, Lalo, Mario, Kela, Paxy, Miguel Ángel, Rafael y Jorge. Hay ciertos libros y ciertos amigos que recuerdo de niño y adolescente; hay otros que se unieron más tarde.

La frase con la que Hermann Hesse comienza su libro *Demián* siempre me pareció brutal y retadora. La primera vez que la leí— a los dieciséis o diecisiete años—me zarandeó. "Quería vivir tan sólo lo que brotaba espontáneamente de mí. ¿Por qué habría de serme tan difícil?" Yo también quería vivir así: rebelándome ante mi familia, mi escuela, mi sociedad, mi país, y haciéndole caso únicamente a mis deseos e inquietudes. Pero me parecía, como a Demián, casi imposible.

Tomé esa frase como grito de guerra. Y aunque es una frase de juventud, la releo de vez en cuando para no adormilarme. Para avanzar hay que rebelarse. Y lo más difícil, muchas veces, es rebelarse ante la comodidad y mediocridad de nuestra propia vida. Por eso llevo a *Demián* de amuleto.

Esa búsqueda de la propia identidad—que me chupé con ansiedad de los libros de Erick Fromm, Erick Erickson y hasta de Ortega y Gasset—se fundía en el *Demián* de Hesse. Esa era la dirección que necesitaba y que no encontraba en ningún otro lado. No tenía respuestas para las típicas preguntas vitales: ¿quién soy? ¿para qué estoy aquí? Y me angustiaba muchísimo.

Pero las respuestas, página por página, las encontré en los libros. Ser y amar era lo único importante. Medio dramático ¿no creen? Pero en esos momentos cuando no encontraba respuestas, cuando no sabía quién era, cuando dudaba que la vida tuviera sentido, el mensaje de ser y amar fue la contestación a mis dudas. Eso me tranquilizó mucho. Eran, sí, respuestas de cajón pero, poco a poco, fueron teniendo sentido. Era una manera de ser auténtico y de vincularme con los demás.

En esas épocas, antes de la universidad, había una cantante argentina, Nacha Guevara, que cantaba poemas del uruguayo Mario Benedetti. En varias ocasiones la fui a ver y siempre me impresionó su fuerza en el escenario. Tengo entendido que todavía anda escandalizando audiencias en Argentina. Maravilloso. El caso es que gracias a Nacha empecé a leer a Benedetti. Y más que sus novelas, hubo un poema que convertí en mi rezo personal.

> *No te quedes inmóvil*
> *al borde del camino*
> *no congeles el júbilo*
> *no quieras con desgana*
> *no te salves ahora*
> *ni nunca*
> *no te salves*

No me quería salvar con una vida fácil, predecible y aburrida. Y no me salvé. Ya ven. Me ahogué en las arenas movedizas de una vida sin fe pero muy intensa.

Los libros no eran importantes para mí hasta que en la preparatoria tomé mi primera clase de literatura con Miss Nora. Miss Nora era una revolucionaria encubierta.

Escogió para el curso una serie de libros que nos inquietaron y perturbaron. Empezamos con *El Lobo Estepario* de Hesse para seguir con *Metamorfosis* de Franz Kafka.

> *Cuando Gregorio Samsa se despertó una mañana después de un sueño intranquilo, se encontró sobre su cama convertido en un monstruoso insecto...*
> *¿Qué me ha ocurrido?", pensó. No era un sueño.*

Me impactó el universo gris, burocratizado y sin salida de Kafka. Así veía al oscuro mundo de la política en México y de eso quería escapar. No quería sentirme como Gregorio Samsa.

Y luego, de la mano de Miss Nora, la guerrillera literaria, entramos al desconcertante mundo de *La Ciudad y los Perros* de Mario Vargas Llosa. Mi escuela no tenía los niveles de violencia y tortura que describe el peruano Vargas Llosa en su novela. Pero sí encontré a muchos de sus personajes en la crueldad inconciente de mi grupo de amigos.

A mí nadie me hacía nada en la escuela porque me protegía El Perro, Armando Lage; un amigo incondicional, fuerte y temido por los demás. Sin embargo, otros no tenían la misma suerte. Poníamos los apodos más obscenos y denigrantes—a un par de amigos les llamábamos El Sope y la Tostada; otros son inmencionables—y nuestras bromas no eran para reírse. Hacían llorar. Destruían infancias.

Hoy, casi cuarenta años después, aún siento remordimiento por lo que le hicimos a un compañero de escuela cuyo nombre prefiero no mencionar. Teníamos la mala costumbre de hacerle "calzón" a los más débiles y desprotegidos de nuestra clase.

En ese entonces supongo que nos parecía divertido. En realidad, era una práctica muy cruel. Consistía en rodear a nuestro compañero, tirarlo al piso y, literalmente, arrancarle sus calzoncillos. Además de doloroso era humillante.

Pues bien, a este chico le hicimos "calzón" y, para su mala suerte, ese día se había puesto la ropa interior de su hermana. Nunca sabremos por qué. Seguramente sus calzones estaban sucios ese día y prefirió usar unos de su hermana gemela. Quién sabe.

La vergüenza fue tal que nunca más volvió a la escuela. Y al siguiente año su hermana también se fue. Había algo en mi escuela que me recordaba a *La Ciudad y los Perros*.

A Marcel Proust lo leí mucho después. No hay mejor título para un libro que *En Busca del Tiempo Perdido*. Todo escritor rasca su infancia. Ese proceso de recordar y revivir a través de una simple sensación en el presente—como lo fue para Proust el olor de unos panecitos conocidos en Francia como "magdalenas"— me regaló una nueva manera de ver mi vida.

La vida no se esfumaba con el tiempo; la podía regresar con un recuerdo, con un olor, con el simple hecho de cerrar los ojos. Era maravilloso sentir que el pasado, o una parte de él, podía recuperarse a voluntad. Fue un gran descubrimiento para mí que el pasado estaba escondido en los objetos del presente.

Curiosamente, a mi papá también le gustaban mucho esas "magdalenas," que él llamaba "rayaditos." Y yo las sigo comiendo. Con eso lo recuerdo.

De hecho, me atrevería a aventurar que todos los libros son un intento de rescatar el tiempo que ya pasó. "Vine a Comala porque me dijeron que acá vivía mi padre, un tal Pedro Páramo," es como comienza Juan Rulfo su novela *Pedro Páramo*. Y Gabriel García Márquez inició así *Cien Años de Soledad*: "Muchos años después, frente al pelotón de fusilamiento, el coronel Aurelio Buendía había de recordar aquella tarde remota en que su padre lo llevó a conocer el hielo."

El tiempo es un tema constante en la literatura, pero fue la literatura la que me ayudó a entender el tiempo y, por extensión, la vida. Lo que encontré en los libros cambió mi forma de ver lo que ocurría fuera de los libros.

La lectura de Gabriel García Márquez me complicó—y alegró—la vida al revolverle los sueños a la realidad. Pero mis frecuentes viajes por América Latina corroboraron que las páginas de García Márquez eran producto, no sólo de su prodigiosa ficción, sino de una cuidadosa observación de la realidad. Antes que escritor, García Márquez es un genial reportero y observador certero.

Creo que me he leído todos los libros de Gabriel García Márquez. Admiro esa inigualable capacidad de usar la palabra exacta para expresar exactamente lo que él quiere decir. Nadie lo hace como él. Prefiero su *Otoño del Patriarca* a su más famoso *Cien Años de Soledad*. Pinta en su infinita vulnerabilidad a los caudillos que han gobernado nuestra región. Lo que me sorprende es que su visión tan crítica de los dictadores latinoamericanos no se haya extendido a su amigo Fidel Castro. Ahí parpadeó.

¿Cómo querer la democracia para todo el mundo y no para los cubanos? Alguna vez se lo dije en un largo e interesantísimo desayuno que tuvimos en Los Cabos. Todo fue *off the record* y lo voy a respetar. Pero me quedó claro que García Márquez no iba a traicionar en el ocaso de su vida a un amigo, aunque se tratara de un sanguinario tirano.

Pasado y presente se confunden, conviven, convergen.

"El pasado es indestructible," escribió Jorge Luis Borges.

Es cierto, Paola y Nicolás. Es lo único que no podemos modificar. Y lo llevamos arrastrando. Siempre. Yo cargo con esos años de escuela como si fueran ayer.

Mi primera lectura de Borges, les tengo que confesar, me confundió. Me perdí en sus laberintos y espejos de *El Aleph*. Pero de ahí aprendí que el orden y el caos se entremezclan. No hay purezas.

Siempre me imaginé a Borges sentado, muy serio, con un ojo gacho y pensando cosas importantes. Jamás me lo imaginé arrepentido por vivir "sensata y prolíficamente cada minuto de su vida," como supuestamente dice en "Instantes," un poema que algunos han querido atribuir, sin fundamentos irrefutables, a Jorge Luis Borges. Había que hacerle caso: "Si pudiera vivir nuevamente mi vida, en la próxima cometería más errores… haría más viajes, contemplaría más amaneceres… si pudiera volver atrás trataría de tener solamente buenos momentos. Por si no lo saben, de eso está hecha la vida, solo de momentos; no te pierdas el ahora."

Momentos. De eso se trata, Paola y Nicolás. Puros momentos.

De momentos también escribió Pramoedya Ananta Toer. Lo descubrí por casualidad y me impresionó mucho en sus memorias y en su *Burú Quartet* el contraste de sus largos años de cárcel como prisionero político en Indonesia y su sensibilidad de niño.

Aquí les transcribo un pedacito: "Hay mucha gente que preferiría olvidar o incluso borrar de sus vidas ciertos eventos y ciertas experiencias, los nudos que en la gran red de la experiencia en última instancia unen a todas las personas atrapadas en la misma telaraña del tiempo."

A veces me entran ganas, como a todos, de tratar de borrar ciertos eventos de mi vida o de apretar con el botón de *delete* de mi computadora a una persona que me traicionó, que me hirió, que abusó de mi confianza. Pero eso me arrancaría una parte de mí. No quiero regresar el tiempo. Primero, porque es estúpido e imposible. Y segundo, porque al asumir todos los años que llevo encima me permiten usar mi experiencia para disfrutar más lo que vivo y para no repetir tantos errores del pasado. Vivo en la cincuentena con mucha más calma, conciencia y pasión que en la veintena.

Parece que les estoy haciendo la tarea pero, en realidad, quiero que sepan qué libros, qué escritores, qué ideas y qué párrafos me dejaron huella.

Rayuela de Julio Cortázar fue el primer libro que tomé como juego. Sus distintas formas de leerlo, saltándose capítulos, fue todo un descubrimiento. La vida en las novelas de Cortázar no era lineal. Y cuando cerré el libro me di cuenta que nuestra realidad tampoco era lineal ni lógica. Fue la magia de La Maga, la protagonista de *Rayuela*.

Los mexicanos, Carlos Fuentes y Octavio Paz, en cambio, sí se atrevieron a tiempo a denunciar los abusos castristas. Pero a ellos los disfruto más cuando se refieren a México. México le duele a Fuentes y a Paz. A mi también. Y mucho. México me duele porque lo quisiera un país construido, sin esa pobreza que te arranca la piel a mordidas, sin esa nube malévola que condena a todos a la inmovilidad. México me dolió tanto en un momento dado que me tuve que ir de ahí. Era insoportable. Me agobiaba. Me ahogaba. Me decía que no en cada esquina. Me confundía. No sabía leerlo. Y entonces releí y por fin entendí un libro que descodificaba el misterio mexicano.

El Laberinto de la Soledad es el mejor retrato que existe de la esencia de los mexicanos. Lean esta mini radiografía de Paz: "…el mexicano se me aparece como un ser que se encierra y se preserva: máscara el rostro, máscara la sonrisa."

Fuentes es uno de esos mexicanos que se siente a gusto en cualquier parte del mundo y al que ningún tema le parece ajeno. Es un mexicano global. O globalmente mexicano. Y ha entendido como pocos que la principal aportación de México al mundo es su cultura. "México: las manos vacías de pan pero la cabeza llena de sueños", escribió en *El Instinto de Inés*.

Los conocí a los dos y desde ese momento supe que se podía ser mexicano y del mundo al mismo tiempo. Qué gran regalo ¿no creen?

Otro mexicano, José Vasconcelos, me enseñó en *La Raza Cósmica* el poder de las mezclas: "El fin ulterior de la historia… es lograr la fusión de los pueblos y las culturas." Lo mezclado, lo mestizo, es más fuerte que lo puro. No es de extrañar, pues, que la nación más mezclada del mundo—Estados Unidos—sea, por ahora, la más poderosa.

En Estados Unidos comprendí mucho mejor mis viejas lecturas de viajes lejanos y al interior de uno mismo. Hay que irse para encontrarse. Pero fue muy duro. Me sentía igual que Ulises, en *La Odisea* de Homero, tras veinte años fuera de casa: "deseo y anhelo contínuamente irme a casa."

Finalmente, nunca regresé a casa. O, más bien, hice otra, aquí, con ustedes.

Como ven, hay libros que me han acompañado en este viaje sin regreso. Otros me han dolido. Mucho.

Paula de Isabel Allende me sigue doliendo. Me tiemblan las manos cada vez que lo tomo, incluso antes de abrirlo. No sé cómo Isabel pudo escribir sobre la muerte de su hija sin quedar paralizada. Pero es un libro lleno de amor. Es la plática más tierna—y terrible—que pueden tener una madre y una hija.

En esta larga lista tengo que mencionar dos extraordinarios libros que les recomiendo sin dudarlo. *El Perfume* de Patrick Suskind me hizo oler lo que mi pobre nariz físicamente no puede. Es maravilloso. Y *La Sombra del Viento* de Carlos Ruiz Zafón tiene que ser una de las mejores narrativas que he leído. Me llevó a las calles de Barcelona como si las hubiera caminado. Además, me parece apropiado terminar esta lista de libros con el mejor libro sobre libros que he leído.

Dos mujeres que no conocen definieron mi carrera y me hicieron un preguntón.

Este es otro secreto.

La periodista italiana, Oriana Fallaci, me abrió los ojos a la posibilidad de enfrentar a quienes tenían el poder haciendo preguntas. Se podía. Oriana podía. Lo hizo en su libro *Entrevista con la Historia.*

"Comprendo a quien se opone al poder, quien censura el poder, quien replica al poder, sobre todo a quien se rebela al poder impuesto por la brutalidad" escribió Oriana en el prólogo. "La desobediencia hacia los prepotentes la he considerado siempre como el único modo de usar el milagro de haber nacido."

Y yo quería hacer lo mismo.

Preguntar.

Todo.

Esas entrevistas con presidentes, dictadores e impresentables estaban llenas de chispazos y de valor. Ella tenía el coraje de hacer las preguntas que nadie más se atrevía.

La mexicana Elena Poniatowska hizo lo mismo.

La Noche de Tlatelolco es el otro libro que me empujó a ser reportero. Poniatowska, solita, con una grabadora al hombro, rescató los testimonios de quienes sobrevivieron la peor masacre en la historia moderna de México. Cientos de estudiantes fueron asesinados por el ejército mexicano la noche del 12 de octubre de 1968 en la plaza de las tres culturas en Tlatelolco, Ciudad de México.

Mi copia del libro tiene casi cuarenta años. Está tan gastada como la justicia en México. Pero aún sale sangre e indignación de sus páginas. Es un libro, a la vez, bello y terrible. Una reportera pudo rescatar la historia y mantenerla viva hasta que se hiciera justicia.

¿Su arma? Las preguntas.

"Soy una gente que siempre está llena de preguntas, quizá porque no tengo respuestas y aún sigo haciendo preguntas y sigo buscando respuestas, y me sigo preguntando por qué y para qué estamos aquí," dijo en una entrevista de prensa. "Por eso me hice periodista y no he parado de hacerme preguntas, porque los cinco pilares del periodismo: qué, quién, cómo, dónde y cuándo, para mí siguen sin respuestas."

Pachuli y Nick, hay que trastornarlo todo con preguntas. Como Elena y Oriana.

No hay pregunta tonta. No hay pregunta prohibida. No hay pregunta que no se pueda hacer. Si no saben, pregunten. Y si creen que saben, vuelvan a preguntar, por si las moscas.

Ya lo saben, me he convertido en un preguntón profesional. Vivo haciendo preguntas y me pagan por eso. Pero esta deformación profesional se coló en mi vida personal. Hago preguntas. Todo el tiempo. A toda la gente. Tantas que, muchas veces, molesto.

Ustedes no son la excepción. Frecuentemente los someto a una metralla de preguntas. No lo hago de manera malintencionada. De verdad, quiero saber. Es otra forma de quererlos.

Durante los últimos años he restringido ligeramente esa necesidad de estar preguntando y ahora tiendo a opinar más y a dar más información de mí. Me va mejor así. Hay más balance. La gente se siente más a gusto a mi lado. No se perciben, como antes, en un interminable interrogatorio.

Al final de cuentas, el que pregunta recibe y el que responde da. He recibido mucho. Y estoy aprendiendo a dar más.

Ahora bien, preguntar me mantiene vivo, interesado, involucrado, curioso. Es mi manera de existir. Me lo pregunto todo.

Soy, también, implacable con lo que me pregunto. No hay nada más duro que estarse preguntando todos los días si eres feliz, si eres honesto, si estás contribuyendo con algo significativo a este mundo, si estás con quien amas, si haces lo que más te gusta hacer.

Preguntárselo todo es la mejor manera de conocerse a si mismo. Cada cosa que hago me la cuestiono. Vivo preguntándome.

Pregunto, luego existo.

Otro de mis secretos radica en escribir.

Lo importante para mí no es el producto sino el proceso. Las hojas que salen de la impresora son como sentimientos exprimidos. Es el jugo que saco para desapretarme el alma.

Sería más romántico aquí hablar de pluma, papel y letra manuscrita. En realidad, escribo frente a una pantalla de computadora.

Hijos: a todo nos adaptamos. Frente a este monitor he llorado solo y me he puesto a reír como un loco. Solito. Y escribiendo he podido sacar las cosas que se me han quedado atoradas en el estómago y en la garganta.

Podrían pensar que mi trabajo como periodista me permite sacar—a través de mis reportajes de televisión, de los comentarios de radio o de las columnas semanales—todo lo que pienso y siento. Pero no es así. Más bien, son mis sentimientos y mis opiniones lo que más guardo al trabajar. Cuando tratas de dar una imagen o versión objetiva de la realidad no sirve de mucho mezclarla con tus puntos de vista.

Como periodista, como observador de la realidad, digo lo que veo pero no cómo reacciono; transcribo lo que escucho pero no mi oposición o simpatía ante quien lo dice; muestro lo que ocurre pero no las marcas que me deja por dentro.

Así es la mayor parte del trabajo del periodista. Nos guardamos—más bien, nos tragamos—lo que estamos sintiendo. Y eso, les aseguro, causa úlceras, problemas de pareja y visitas frecuentes con el terapeuta o, en el peor de los casos, al bar. A menos que escribas.

Escribo para no morirme por dentro. Escribo para sacar lo que se me queda atorado diariamente. Escribo para no arrastrar lastres de un año al otro. Escribo como escape, como terapia, como relajamiento, como disciplina, como ejercicio, como plomero que destapa cañerías, como si no pudiera existir sin hacerlo. Es, les confieso, algo aprendido.

Hay gente que vive sin escribir y vive muy bien. Yo no puedo hacer eso. Quizás si fuera más expresivo o extrovertido.

Pero no lo soy. Así que no tengo más remedio que escribir. Y escribir. Y escribir.

El tiempo se acelera cuando uno escribe. ¿Se han dado cuenta? Tres horas escribiendo vuelan. No las siento. En cambio, esas mismas tres horas—que es lo que dura un vuelo de Miami a Nueva York o a la Ciudad de México—pueden ser eternas en otras circunstancias. Escribir tiene esa intensidad de unir lo de afuera con lo de dentro. Por eso el tiempo transcurre a otra velocidad. Los relojes se descomponen cuando uno escribe; sus minutos y segundos son para otro universo.

Antes escribía y lo guardaba. Y, de nuevo, no me refiero a artículos o reportajes de prensa. Era esa especie de diario y proyecto de vida que nos define tanto cuando somos jóvenes. Somos, entonces, pura promesa. Luego, ya en la mitad de la vida, empecé a compartir lo que escribía. Con poquitos. Y ahora, con estas cartas, pienso que es un desperdicio escribirlas sin darlas a conocer. Con la edad, si has vivido bien y sin demasiados secretos y remordimientos, te das cuenta que no vale la pena esconderte. ¿Para qué? Total, esto dura un parpadeo, un chasquido.

Por eso escribo. Por eso les escribo. Por eso estas cartas son para ustedes. Me urge dárselas. Me queman en las manos y por dentro. Escribo con urgencia, como si el tiempo se me acabara. Quiero que estas cartas dejen de ser mías para que sean suyas. Sólo suyas.

Los quiero con todos mis dedos, mis pies,

mis preguntas, mis ojos, con todo.

UN POQUITO *de* AMOR

~

A mis superamadísimos hijos, aunque suene cursi:

Con estas cartas quisiera darles un mapa del amor. Pero no puedo. Tengo el mío. Y ese, desafortunadamente, no les sirve a ustedes. Cada quien tiene que hacer su propio mapa, con lo que eso implica de triunfos, tropiezos, pérdidas y descubrimientos. Es su tarea.

No hay recetas para el amor.

Llevo semanas pensando qué decirles sobre el amor y estoy medio trabado. Y creo saber por qué. Por más que les diga, es imposible describirles lo que es querer a alguien. Lo tienen que vivir por cuenta propia. Y por más que quisiera, tampoco podré protegerlos de las heridas del desamor. Esa es una de las cosas más duras de la vida.

Una vez hecha esta aclaración, ahí les voy.

Cuando el amor pega es imposible esconderlo. No lo intenten. Déjenlo fluir. Que se muestre, que se note, que los demás lo sepan. Pero, sobre todo, que lo sepa la persona a quien aman. Es una de las maravillas de estar vivo.

El amor, antes que nada, es lo que te une al otro y te hace distinto.

Cuando tenía tu edad, Paoli, quizás un poco más joven, me enamoré por primera vez. Sentía mucho, sí. Pero no entendía nada de lo que me estaba pasando. Era algo nuevo, un sentimiento único. No podía explicarlo, sólo vivirlo. Fue, al mismo tiempo, hermoso, turbulento y hasta un poco confuso.

Y como ya saben que le trato de buscar a todo una explicación, me puse a investigar cuanto libro se había escrito sobre el amor. Pero, sobre todo, me convertí en mi propio experimento. Estaba muy alerta a todas las cosas que estaba sintiendo y que no podía controlar. Y de cada cosa que vivía o sentía me aseguraba de hacer una anotación mental.

De alguna clase, no me acuerdo cual, rescaté la idea de Aristóteles de que el amor era una tendencia hacia lo otro. Eso, más o menos, explicaba por igual el amor en una pareja que el amor de padres e hijos e, incluso, el amor por los animales y la naturaleza. Digamos que me sirvió como marco teórico. Pero era un concepto muy frío y muy lejano ¿no les parece? Tenía que vivir algo que me hiciera temblar hasta los huesos.

No se equivoquen. Más que un estudiante del amor era un estudiante enamorado.

Así, medio turbado por mi despertar sexual y dominado por esa necesidad de definirme, de saber quién era y qué era lo que estaba sintiendo, seguí buscando respuestas. Acuérdense que aún era un muchacho al que no le había salido, ni siquiera, barba y bigote. Tres pelitos, nada más.

A pesar de la confusión de la edad, lo que sí intuía correctamente era que para querer a alguien antes, o al mismo tiempo, me tenía que querer a mí mismo. El amor no es suficiente. Había que ser antes que amar.

Un buen día cayó en mis manos el libro *El Arte de Amar* de Erick Fromm y me gustó su idea de que "el egoísmo y el amor a sí mismo, lejos de ser idénticos, son realmente opuestos." El egoísta nunca podría querer; sólo se ama a sí mismo. Como ven, ya iba armando mi teoría del amor. Y de la teoría había que pasar a la práctica.

No quería desaparecer en los deseos de mi novia ni que ella se olvidara de sus intereses y ambiciones para estar conmigo. Era un frágil y delicado balance. Luego leí a Gibrán Jalil Gibrán y las cosas empezaron a cuadrar: "Amaos más no hagáis del amor una prisión, permitid que haya espacios… Y erguíos juntos más no muy próximos; las columnas del templo se plantan firmes y separadas."

Juntos y separados a la vez. Complicado, ¿verdad?

Se lo voy a tratar de explicar de una forma más sencilla. De joven estaba lleno de sueños, de planes, de viajes por hacer. Y no quería que ninguna relación me obligara a cambiar esos proyectos. Quería saltar, no enraizarme. Al mismo tiempo, estaba descubriendo el amor por primera vez; era una sensación perturbadora y que me ataba a una persona y no estaba dispuesto a dejarla.

Había, de alguna manera, que combinar las dos cosas. La pregunta era ¿cómo?

Ese dilema lo he arrastrado toda mi vida.

El amor es, entonces, una forma de crecer como persona y en compañía de alguien que apoyas y te apoya, que admiras y te admira. Es una cuestión bilateral, es un torrente en dos direcciones.

Es complejísimo. Y hermoso.

Toda pareja es un nuevo experimento que, luego de mezclarse, se convierte en algo muy distinto de sus partes originales.

Siempre he creído que en el hecho de amar hay un elemento de admiración. Más allá de la compañía, la amistad, el erotismo y los planes en común tiene que haber admiración. Llevarse bien es lo mínimo. Pero si no admiras algo de tu pareja, la relación corre el riesgo de entibiarse y ahogarse. No hay nada que te arrastre.

No es cuestión de confesionario—siempre se siente raro cuando Papá deja de serlo para hablar de sus amoríos ¿verdad?— pero sí les puedo decir que me he enamorado unas cuantas veces. Y les puedo asegurar que el proceso no tuvo nada de gradual. Cada vez fue una explosión.

No fui, tampoco, sólo un joven estudioso del amor. Esa hubiera sido una increíble pérdida de tiempo. Me enlodé en el amor. Lo confieso. Mi educación amorosa, como casi todas, estuvo llena de subes y bajas, y locuras. ¿Quién que ama no pierde la cabeza?

Cuando te enamoras, crees que no hay nada igual y que nadie, nunca, ha tenido la misma experiencia que tú estás viviendo. Por eso Francesco Alberoni en su libro *Te Amo* plantea que siempre hay algo "extraordinario" en el hecho de enamorarse. ¿Y cómo no va a ser algo extraordinario el sentirse nuevo, unirse con alguien, conocerse a fondo y crear un proyecto común?

El amor es "la experiencia de descubrirme parte de un nuevo mundo," dice Alberoni. El amor es explosivo, único, te da deseos de vida, deja atrás los otros amores, libera, ilumina, ve al futuro "y la persona amada es la puerta para acceder a todo eso."

(Perdón por abusar de las citas y caer, inevitablemente, en lugares comunes. Pero sólo trato de mostrarles un poquito de lo que me ha tocado ver. ¿Sigo?)

Lo más rico de estar enamorado es la libertad de ser sin temor de que te descubran. Puedes sostener la mirada y, luego, bajarla sin miedo. No tienes nada que esconder. Eres sincero, transparente, ante el otro.

Desnudez sin pena.

Gozo pleno. Hay mucho de complicidad en las parejas que se

quieren. Existen miradas, gestos, códigos y secretos que son sólo suyos. Nadie más los comparte.

Existe algo mágico en encontrar en tu pareja esa dosis exacta de confianza, respeto, humor y atracción. Si algo de eso falta o si se da sin un cuidadoso equilibrio, se rompe el acuerdo. ¿Saben? Creo que las relaciones en las que más me he reído han sido las mejores. Tal vez por la fluidez y confianza que implica el reírse y burlarse de uno mismo sin sentirse amenazado.

El amor que dura es el que evoluciona, el que es flexible, el que sigue dando.

Toda relación saludable avanza. Cuando se atora es una señal de alerta. Cuando te pesa, es un foco amarillo. Atención. Las broncas comienzan cuando se rompe la complicidad y los pactos o cuando una de las partes se siente traicionada u olvidada.

Quisiera decirles otra cosa, pero no todos los matrimonios son para toda la vida. Si una o las dos partes han dejado de amar, es preferible dejarlo. Conozco muchas parejas que no se separaron a tiempo y el daño a largo plazo para todos los involucrados es mucho mayor que el de un rompimiento oportuno y con honestidad.

Duele mucho. Es cierto. Muchísimo. "Terminar una relación es como morir," dice Igor Caruso en su clásico libro *La Separación de los Amantes*. Hay dolor, duelo y vacío. Parte de querer es dejar de querer. La contraparte de la euforia del amor es la desolación del desamor. No existe nadie más solo y triste que el enamorado que se queda solo. Es morirse.

El amor y el desamor te hacen sentir único e irrepetible. Vivan con intensidad ambos sentimientos. Para eso estamos aquí.

Tampoco quiero mentirles al decir que la vida sigue igual después de un divorcio o una separación. No es así. Ustedes y yo lo sabemos. La vida no sigue igual. Muchas cosas cambian. Para bien y para mal.

Pero te adaptas y te puedes reinventar.

Y quizás ¿por qué no? volverte a enamorar.

Hay veces en que las familias nos ahogan ¿verdad? A mí me pasaba. Quería mucho a mis papás y a mis hermanos pero la obligada convivencia diaria era un lastre para mis deseos de independencia. Me sentía tan atrapado por la dinámica y la estructura familiar que mi idea de libertad era un cuarto de hotel. En serio. Los hoteles me hacían libre. Eran mi espacio. Sólo mío. No lo tenía que compartir con nadie por veinticuatro horas.

La gran ironía de mi vida es que me acerqué mucho más a mi familia cuando me fui a vivir al extranjero. De lejos los aprendí a querer más. Ahora planeo muchas de mis vacaciones para ir a verlos, para recuperar el tiempo perdido.

Una o dos veces al año nos reunimos todos los Ramos. Y en esas reuniones hay más que un poquito de amor.

Una de las cosas en las que me he esforzado, desde que vine a vivir a Estados Unidos hace más de dos décadas, es en la organización de nuestras ya famosas "reuniones familiares." Digo, famosas para nosotros. Memorables.

Como siempre, nos la pasamos genial.

Ustedes ya se han acostumbrado a esas reuniones familiares que tenemos con todos mis hermanos y sus hijos, y que se convierten en recuerdos instantáneos y en muchas páginas de álbumes fotográficos.

Tenemos una familia esparcida por todo el mundo. Unos viven en Yakarta, otros en Saltillo, unos más en Madrid, Ciudad de México, Los Ángeles, San Juan y Ginebra. Nosotros, por supuesto, vivimos en Miami y ahora tú, Paola, en Nueva York estudiando en la universidad. Estamos en casi todos los continentes.

Suena muy glamoroso, pero en la práctica es un esfuerzo monumental coordinar horarios y mantenernos en contacto.

Cuando nos reunimos es una fiesta. Bueno, no es que seamos una familia particularmente alegre. Los Ramos somos, más bien, reservados y hasta pecamos de serios. (Así estamos más a gusto. Gracias por preguntar.) Pero cuando nos juntamos nos da un gustazo. Eso sí.

Esas reuniones son una especie de compensación por todo el tiempo que ya no pasamos juntos. Ahí se reparte el amor atrasado.

Tienen la ventaja, lo admito, de la brevedad. En poco tiempo nos ponemos al día, nos apapachamos, nos contamos secretos y hasta nos aguantamos los malos humores porque, después de todo, es sólo un ratito. Lo malo es tener que esperar hasta la siguiente reunión familiar. Hay mucho de nostalgia en esos encuentros. Luchamos ante lo que tanto nos duele reconocer: que no nos hemos dejado de querer pero que la vida nos ha distanciado.

Como ya les he contado, cuando era niño pasaba una buena parte de mi tiempo con mis hermanos y la costumbre en nuestra familia, como en muchas familias mexicanas de esa época, era vernos con abuelos, tíos, sobrinos, nietos y los buenos amigos, todos los fines de semana. Bueno, las cosas han cambiado. Hoy en día, pocas familias, latinoamericanas o no, viven en una misma ciudad. Emigrar es la norma, sobre todo por problemas de dinero o porque no encuentras en la ciudad donde vives un trabajo que te guste.

Nosotros no hemos sido la excepción.

Así que cuando nos reunimos revivimos esos momentos que nos marcaron de niños. Me emociona ver a mis hermanos, aunque a veces nos sentemos a comer y apenas crucemos palabra. Es, lo reconozco, nuestra forma de comunicarnos. Así lo aprendimos de niños.

Nuestra dinámica familiar nunca fue de muchos intercambios.

Cuando nos sentábamos a comer los sábados o domingos—y que era el único momento de la semana en que estábamos todos juntos: mis papás, mis tres hermanos y mi hermana—había una cierta solemnidad sobre la mesa; usar bien los cubiertos, no gritar, compartir la comida, esperar a que los otros terminaran de comer, ayudar a recoger.

Pero no discutíamos cosas muy importantes. Ni noticias. Quizás por eso no duraban mucho las sobremesas. Luego de comer lo primero que queríamos hacer era levantarnos para ir a jugar.

Pocas veces, demasiado pocas, hablamos de sexo, religión o política en casa. Y no es que mi padre nos lo prohibiera o que incomodara a mi madre. El problema era que su abuelo Jorge no era de muchas palabras y, tampoco, de aceptar argumentos que fueran en contra de sus ideas. Además, se enojaba rápidamente. Eso ahogaba cualquier discusión interesante.

No es que su abuelo fuera un ogro. Al contrario. Era un hombre sorprendentemente dulce. Pero le costó mucho superar esos viejos y absurdos estereotipos de que el hombre debía imponer su visión del mundo al resto de la familia.

Así es que a la hora de la comida hablábamos de cosas *nice*, poco controversiales, e interiorizamos un comportamiento familiar que evitaba cualquier confrontación o expresión abierta de verdadero afecto.

Fíjense. Una comida basta para saber cómo funciona una familia.

Aún recuerdo la exagerada sensibilidad de mi padre a cualquier ruido fuerte. Un plato roto o un cubierto en el suelo generaba en él una mueca tan exagerada de molestia que, luego de provocar un profundo miedo entre nosotros, nos hacía reír a sus espaldas.

Les cuento esto para que entiendan un poquito más por qué mi familia es tan reservada. Aprendimos a no decirnos las cosas desde muy pequeños. Discutir era enfrentar el enojo de mi padre. No supimos airear nuestras diferencias sin temor a una mirada matadora o un grito de árbitro deteniendo el partido. Y, como siempre ocurre, de niño crees que todas las familias son así.

Pues no.

Su tía Carolina, tan llena de vida y energía, a veces se desespera con nosotros y le dice a su esposo: "Ger, pero ¿por qué no abrazas a tu hermano Jorge a quien quieres tanto y vive tan lejos?" Tiene razón.

Y, en honor a la verdad, todos—con la distancia y con la edad—hemos aprendido a soltarnos. Un poquito. A querernos, a decirlo y a expresarlo. Hoy hay más abrazos, más declaraciones de amor fraterno, más conciencia de que el tiempo nos arrastra a la segunda mitad de la vida. Y eso es bueno, muy bueno.

De adulto me ha costado mucho trabajo romper esa dinámica familiar que aprendí de niño y que favorecía el silencio, la no confrontación y el ocultar los sentimientos. Fue difícil aprender a conversar las cosas, abierta y constantemente, sin temor a un regaño o a una señal de desaprobación.

Son, Paola y Nicolás, cosas que uno lleva desde niño y que tardas toda una vida en resolver. Ustedes, me temo, traerán también arrastrando muchos asuntos pendientes que heredaron de mí. Perdón por adelantado. Ya les tocará resolverlos con mucha paciencia y un poquito de perdón hacia su padre. Espero estar ahí para discutirlo con ustedes. Y que me tengan, siempre, la confianza para hablar de cualquier cosa. Lo que sea. No quiero que me tengan miedo como yo le tuve alguna vez a mi padre. Eso no es bueno para decir: te quiero.

"Me duelen mis hijos," me dijo hace unos días Patsy Loris, la productora ejecutiva del noticiero donde trabajo y una de mis mejores amigas. Llegó atormentada a mi oficina. Creí que me quería decir algo del noticiero, pero no fue así. Quería hablar de sus dos hijos.

"Si algo le pasara a cualquiera de ellos, me muero," me dijo, viendo hacia el piso. "No lo soportaría, me volvería loca," siguió. "¿Qué podemos hacer para protegerlos?" Se contestó sola. "Nada ¿verdad?"

Patsy acababa de hablar con una amiga que enfrentaba un problema terrible con su hijo de veinticinco años. Supo en ese instante que ella, como madre, arrastraría un sentimiento de vulnerabilidad toda su vida.

Los hijos nos duelen más que cualquier otra cosa. Cuando algo les pasa a ellos, es como si nos pasara a nosotros y nos partieran por la mitad.

Les cuento. Cuando eran más pequeños y, por ejemplo, se caían o se golpeaban, una especie de corriente me recorría el cuerpo. Era algo físico, como si el caído o el golpeado fuera yo.

Y me sigue ocurriendo.

¿Te acuerdas Nico cuando pasaste esa noche terrible con fiebre, tosiendo y vomitando? Fue hace poquito. Bueno, mientras te ayudaba a reconciliar el sueño empecé a sentir los mismos síntomas que tú estabas sufriendo. La conexión de los padres y los hijos es inusual, difícil de explicar con pura lógica.

De la misma manera en que se padece juntos, se goza juntos.

No tengo la menor duda que nuestros viajes, Paola, y esos largos fines de semana, Nicolás, en que nos acompañábamos día y noche, serán mis recuerdos de viejo.

Ustedes son, literalmente, parte de mí. Y no sabría cómo vivir sin ustedes. Es, sin ir más lejos, un amor muy distinto al romántico y erótico que les describía al principio de esta carta. Es total y absolutamente incondicional. No necesita encontrar equilibrios ni negociar treguas. Simplemente es.

Todo en mi vida gira alrededor de ti, Paola, y de ti, Nicolás. Igualito que lo hace mi mamá con nosotros, sus hijos. Los círculos se multiplican.

No hay aquí ningún misterio ni un secreto escondido. El amor verdadero, desinteresado, es con los hijos. Todo lo demás es, inevitablemente, de menor grado.

Amar es dar tu tiempo.

Y mi tiempo es, desde hace mucho, de ustedes dos. Papá.

NO CREO

Pao y Nic:

Quisiera creer en Dios, así, con mayúscula, pero no puedo.

Creo que mi vida sería mucho más fácil si tuviera el apoyo de una religión. Tendría, al menos, toda una serie de respuestas a preguntas que no puedo contestar con datos o basado en mi propia experiencia.

Creer es una cuestión de fe, no de voluntad. Y yo carezco de esa fe.

Pueden tener, como yo, ese deseo de encontrar respuestas a las interrogantes más básicas—¿de dónde venimos? ¿a dónde vamos? ¿cómo surgió la vida? ¿qué pasa al morir?—pero me rehúso a contestarlas con doctrinas, libros o profetas. Ninguna escritura o líder espiritual puede dictarme qué hacer con mi vida. Necesito respuestas que me satisfagan espiritualmente a mí y a nadie más en estos trascendentes asuntos.

Declarar que dios existe es, para mí, tan absurdo como decir que no existe. No tengo ninguna manera de comprobar su existencia o su ausencia. Creyentes y ateos tienen, en el fondo, algo en común: esa certeza de que lo que dicen es evidente. Yo no tengo esa certeza.

Mi entrenamiento como periodista me ha enseñado a buscar siempre una fuente confiable, de preferencia dos, o datos concretos antes de declarar algo. Y en asuntos divinos no tengo ni fuentes ni datos.

Tampoco es cuestión de probabilidades. Ninguna fórmula matemática me va a llevar a establecer con ciento por ciento de certeza que hay un ser divino que dirige nuestras vidas en este planeta. O que no existe.

Así que no tengo más remedio que declararme agnóstico. Simplemente, no sé. Me siento mucho más cercano a la definición de diccionario del agnosticismo según la cual es "inaccesible al entendimiento humano todo conocimiento de lo divino," que a las contundentes declaraciones comprobatorias de la existencia de uno o varios dioses.

En mi caso creo que lo honesto es decir que no sé.

Tengo que confesarles que me asombran y hasta me dan un poco de envidia esas personas que tienen una sólida convicción religiosa. Estoy seguro que sus vidas son más plenas y tranquilas que la mía. Y respeto profundamente sus convicciones religiosas y su fe. Simplemente ellos han llegado a conclusiones muy distintas a las mías.

Podrían pensar, hijos míos, que pienso así por todas las cosas que me ha tocado ver en las guerras, desastres naturales o ataques terroristas. Y la verdad es que sí, pero esa es sólo parte de la explicación.

Desde luego que no entiendo cuando un niño, por ejemplo, es abusado, torturado o asesinado. Tampoco entiendo cuando un pequeño sufre de una enfermedad fatal o muere en un accidente.

Me parecen un sinsentido las guerras y la muerte de civiles que no tienen nada que ver con un conflicto bélico. Y no le encuentro explicación al hecho de que unos se salven y otros no en un avionazo o en un acto terrorista, como los ocurridos en las torres gemelas de Nueva York y en las estaciones de trenes de Londres y Madrid.

No entiendo que ningún dios, relativamente benévolo, pueda permitir algo así.

El mundo no tiene un orden predestinado, no sigue unas reglas justas, ni las cosas ocurren por algo. La humanidad no es un experimento divino; es una confrontación de voluntades, colectivas e individuales, sin un final conocido.

Temo mucho decírselos pero no hay plan. Ninguno. Hay que inventárselo.

Mis dudas religiosas vienen de mucho antes. De adulto únicamente se han reafirmado.

Cuando era niño, sencillamente, era muy aburrido ir a misa. No tengo otra manera de decirlo. Me parecía muy engorroso perder una hora de mi domingo escuchando a un sacerdote hablar de dogmas y creencias que ni siquiera él podía comprobar en carne propia. Resultaban, además, de muy mal gusto sus amenazas: si no hacen lo que yo digo se van a ir toditos al infierno.

Siempre me rebelé a los autoritarios, con sotana o sin ella.

El espectáculo de entrar a la iglesia con mis padres, mis tres hermanos y mi hermana—con ropa recién lavada, bañados, relamidos y peinados con goma—era más de lo que yo podía tolerar. Mi timidez o mi rabieta por tener que ir a misa en lugar de jugar fútbol o ver la tele, me llevaba a separarme del grupo. No quería que me vieran entrar con ellos. A pesar de mi corta edad era una especie de declaración de independencia. No quería ser como todos los demás.

La experiencia negativa de ir a misa se sumó a otras, más violentas, que viví en la escuela católica. Tres sacerdotes católicos —¿cómo olvidar sus nombres? William, Hildebrando y Rafael— se encargaron de golpearnos y humillarnos con la sana intención de disciplinarnos, superarnos académicamente y conocer a dios. En mi caso fallaron garrafalmente.

El odio que desarrollé contra ellos, y contra cualquier doctrina asociada con ellos, fue mayúsculo. Nos trataron de meter a golpes la imagen de un dios castigador, rencoroso, vengativo.

¿Cómo podía un niño de siete u ocho años de edad asimilar como positivas las enseñanzas religiosas de tres sacerdotes que golpeaban con suelas de zapato en las manos y en las nalgas, que jalaban las patillas hasta arrancar el pelo y que, a la primera señal de resistencia, acudían a la burla y humillación? Era aún más difícil creerles que un pedazo de pan y un sorbo de vino tinto se convertían mágicamente en carne y sangre de un ser lleno de amor y paz y que vivió hace más de dos mil años.

Más que los golpes y los castigos físicos—una vez tuve que pasar varias horas arrodillado sobre cemento, cargando pesados libros con mis brazos extendidos—lo grave era la intimidación sicológica.

Desde muy pequeño nos inculcaron la terrible y falsa idea del infierno. Nos aseguraban que si nos portábamos mal nos iríamos al infierno, sin ninguna posibilidad de salvación, por toda la eternidad. Era, quizás, una truculenta forma de que confesáramos nuestros pecados en las obligatorias misas de los viernes y así ellos tener información de primera mano sobre nuestras travesuras escolares. Las cosas se pusieron muy mal cuando el prefecto de la escuela, encargado de imponer las reglas y la disciplina, se convirtió también en uno de los padres confesores.

Lograron, con éxito, infundirme el miedo al infierno y al diablo. Tanto así que los viernes inventaba pecados durante las confesiones—que le pegaba a mis hermanos o que había copiado en una prueba o que me robé un dulce de un compañero de clase—con la intención de tener una especie de crédito en el cielo. Me aterraba la idea de morirme lleno de culpas.

Tuvieron que pasar muchos años para superar ese miedo irracional.

Saben, incluso varias décadas después, mientras recuerdo esto, me lleno de rabia. Por mucho tiempo tuve el malvado plan de buscar a esos tres sacerdotes católicos, encontrarlos y enfrentarlos; no con golpes, como ellos hicieron conmigo, sino con argumentos y mucho desprecio. No sé si ya murieron o dónde están. No me importa. Creo haber superado su doctrina de miedo y violencia.

Pero el costo es mi falta de fe.

Como adulto puedo entender perfectamente que esos sacerdotes no representaron bien a la totalidad de la iglesia y que, por supuesto, no tienen nada que ver con otras religiones. Sin embargo, gracias a ellos desarrollé un sistema de alerta ante cualquier persona o doctrina, religiosa o no, que buscara imponerse por la fuerza o abusara del poder.

Sigo sin entender, por ejemplo, por qué las mujeres no pueden ser sacerdotes en la iglesia católica, o la imposibilidad de que los padres se casen, o la negativa al uso de condones para evitar los contagios del virus del sida, o la insistencia de que el Papa no se equivoca, o la manera tan sucia de proteger y esconder a sacerdotes que abusaron sexualmente de menores de edad.

Nací católico pero espero que esto les ayude a entender por qué ya no lo soy.

Por todo lo anterior, creo que cometí un error al casarme por la iglesia católica. No debí hacerlo. Lo tomé, tan solo, como una ceremonia. La equivocación estuvo en no ser congruente con mis principios.

Sin embargo—y espero no caer aquí en una contradicción—estuve de acuerdo cuando sus abuelos los bautizaron; sus creencias religiosas son más fuertes que las mías y, quizás, algún día las necesiten.

El universo de sus abuelos es casi redondo. Explica mucho más que el mío. Y hay veces en la vida en que se necesita certidumbre, poderse agarrar de algo. Su vida con dios seguramente será más estable que la mía con dudas.

Su abuelo Jorge era una persona religiosa y hacia el final de su vida se hizo aún más. A pesar de un derrame cerebral y de sus varios infartos, nunca perdió su fe. Estaba convencido, absolutamente convencido, de que luego de esta vida había otra, mejor. Y sus creencias religiosas le ayudaron mucho cuando más lo necesitaba. Y yo, con toda sinceridad, agradecía esa estructura religiosa, esa iglesia católica a mí no me explicaba mucho, pero que acogió a mi padre hasta el final de su vida.

No quiero imponerles mi punto de vista. En este asunto los quiero soltar. Por su bien. Quiero que, respecto a la religión, lleguen a sus propias conclusiones.

Tanto es así que cuando nos dijiste, Paoli, que querías hacer la primera comunión te apoyé ciento por ciento y viajé a Madrid para compartir contigo ese momento tan tuyo. Es muy posible que en esto, como en otras cosas, tú tengas razón y yo no.

Estoy, lo reconozco, en una minúscula y malentendida minoría. Y, de verdad, es posible dudar sobre la existencia de dios y tener, al mismo tiempo, una muy intensa vida interior. Casi me atrevería a llamarla espiritual. Pero es una conexión conmigo mismo y con los demás que va más allá del plano físico. Ocurre tanto cuando estoy concentrado en una clase de bikram yoga como cuando comparto un momento íntimo con mi pareja. Y no es extraño sentir una conexión inusual al ayudar a personas menos favorecidas. La solidaridad y la compasión son parte de una vida interior que no tiene por qué ser religiosa.

Mis rezos se quedan en la tierra. Nunca llegan al cielo. Quiero un planeta más sano. Menos crimen. Más gente sin hambre. Quiero hombres y mujeres diferentes en la cama e iguales en las calles, en las oficinas, en las iglesias, en las escuelas. Aspiro a las mismas cosas que cualquier religioso. La diferencia es que yo no se lo pido a nadie ni espero que mágicamente se realicen por un rezo. Mi rezo es un plan de acción, una estrategia, un análisis de cómo lograr lo que quiero. Esa es mi vida interior.

Le llamaría espiritual si pudiera separar mi espíritu de mi cuerpo, si pudiera saber dónde diablos están esos ventiún gramos que, dicen, pesa el alma. Pero cada vez que me pellizco para jalar el espíritu de mi cuerpo, me sale sangre y sudor. Cada vez que trato de tocar el alma, mi piel tiembla. Cada vez que trato de separar la mente de mi cerebro, me da dolor de cabeza.

Es posible vivir sin doctrinas religiosas. Vas, es cierto, más a la deriva, sin salvavidas. Pero eso te otorga una riquísima libertad. Me asustan las personas que siguen ciegamente una religión o a un líder religioso. Me preocupan los que piden consejos a otros sobre cómo vivir su propia vida. Y me incomodan enormemente los que siguen instrucciones de cualquier tipo sin cuestionar a la autoridad.

Ser religioso no es ninguna garantía de ser buena persona.

Les cuento todo esto porque tiene mucho que ver con el hecho de que no sea una persona religiosa. Mi experiencia— sólo la mía—me indica que las cosas no pasan por algo; hay que hacer que pasen. No creo que alguien anda por ahí decidiendo por nosotros.

Creo, como los viejos existencialistas, que la vida no tiene sentido; hay que dárselo. Y vivir sin la certeza absoluta de una deidad o de una vida después de la vida es, sí, más angustiante. Pero lo prefiero. Es mi verdad. Mi realidad.

A mí me funciona. Me amarra al presente y me obliga a dar el máximo ahora. Porque, para mí, no hay después.

Este es mi credo:

No creo en el destino.

No creo en la suerte.

No creo en milagros.

No creo que las cosas pasen por algo.

No creo que las cosas pasen porque así es mejor.

No creo en que alguien, a lo lejos, decide nuestras vidas.

No creo que exista un plan divino para cada uno.

No creo que debamos esperar vida después de la vida.

No creo en desperdiciar esta vida esperando otra mejor al morir.

No creo en esperar.

No creo en el cielo.

No creo en el infierno.

No creo que los que se portan bien vivirán eternamente.

No creo que sabemos qué pasa cuando morimos.

No creo en ángeles, arcángeles, diablos, monstruos y fantasmas.

No creo que haya nada que quieran y no puedan lograr.

No creo que haya tenido otras vidas ni que me reencarnaré en otra.

No creo en que hay que ser religioso para ser buena persona.

No creo en rezar.

No creo que una intensa vida interior sea ajena a un agnóstico como yo.

No creo en vivir las vidas de otros; con la mía basta y sobra.

No creo en condenar a otros porque no piensan como yo.

No creo en todos los periodistas de la tele, pero en algunos sí, y mucho.

No creo en la censura.

No creo que haya preguntas prohibidas.

No creo en todas las noticias que presentan como noticias.

No creo en ver un abuso y quedarse callado.

No creo en los políticos que dicen y no hacen.

No creo en que haya guerras buenas.

No creo en los que inician las guerras.

No creo en los anillos.

No creo en la fidelidad de los anillos.

No creo en las corbatas para verse serio y respetable.

No creo en las joyas que pesan.

No creo en usar reloj.

No creo en los que usan sotanas largas y hablan desde lo alto.

No creo en los velos y las máscaras para esconderse.

No creo en los lentes oscuros en lugares oscuros.

No creo en las dietas de enero.

No creo en las resoluciones de año nuevo.

No creo en los arrepentimientos de fin de año.

No creo en los religiosos que nos venden lo que nunca han visto.

No creo en ocultar a los sacerdotes que violan a niños; es el pecado del silencio.

No creo que haya dictadores buenos, ni de derecha ni de izquierda.

No creo que nos equivoquemos al criticar a todos los dictadores.

No creo que los presidentes sean los más inteligentes.

No creo que deba haber poder sin límite.

No creo que me deba reír de todos los chistes.

No creo que deba llorar de todas las penas.

No creo en imponer mis creencias a otros.

No creo en los bautizos.

No creo que todos los matrimonios deban ser para toda la vida.

No creo que debas quedarte casado si eres irremediablemente infeliz.

No creo en los machos.

No creo que morirse y alcanzar la vida eterna sea mejor que vivir.

No creo que la religión—cualquiera—nos haga mejores seres humanos.

No creo en los hubiera.

No creo que nadie me pueda decir cómo vivir mejor.

No creo en vivir sin dejar algo a quienes nos siguen.

No creo que las canas y la barba te hagan viejo.

No creo que uno deba dejar de jugar.

No creo en acciones sin consecuencias.

No creo en pasarte la vida haciendo algo que no te gusta.

No creo que exista un ser superior que dirija nuestro destino en la tierra.

No creo que el mundo sea un lugar justo.

No creo que haya que aceptar que el mundo no sea un lugar justo.

No creo en sufrir innecesariamente.

No creo en perder mi tiempo.

No creo en perder tu tiempo.

No creo que siempre haya una relación entre esfuerzo y resultados.

No creo en culpar a otros de lo que yo no pude hacer.

No creo en los autos último modelo; cuestan más de lo que valen.

No creo que el amor sea suficiente.

No creo en querer sin comprometerse.

No creo que la Internet deba reemplazar un chapuzón de realidad.

No creo que sea saludable leer chismes en la Internet.

No creo que un texto telefónico sea mejor que un *e-mail*.

No creo que un *e-mail* sea mejor que una llamada.

No creo que una llamada sea mejor a decir algo en persona.

No creo en las casas de tres pisos; prefiero las de uno.

No creo en ser papá (o mamá) a larga distancia

No creo todo lo que dicen sobre mí; sobre todo lo bueno.

No creo que la vida tenga sentido; hay que dárselo.

No creo que deba morirme sin aprender a bailar.

Creo en ustedes dos, Paola y Nicolás.

Carta

14

PARA CUANDO YA NO ESTÉ

~

Paola y Nicolás, no lean esta carta.

Se la pueden saltar. Es la más difícil de leer y de escribir.

Pero quería dejarles algo por escrito para cuando ya no esté.
Tarde o temprano va a ocurrir. Es una carta que debería ponerse
junto al testamento y a los documentos importantes.

Este es un mapa para que, en un apuro, sepan qué haría su
papá. No lo sigan al pie de la letra. Es, simplemente, una orien-
tación. Mi filosofía de la vida. Es para echarles una mano en caso
que la necesiten.

De hecho, no acabo de entender por qué no les dejé nada por
escrito cuando me fui a cubrir las guerras. Supongo que, de alguna
manera, el no escribirles una carta de despedida me obligaba a
regresar. Tal vez me sentía menos vulnerable que ahora. O me he
dejado sentir cosas que antes bloqueaba. O todo lo anterior.

¿Saben? Hubiera sido reconfortante tener una carta así de mi
papá. Estoy seguro que la guardaría para siempre. Algo que me
recordara lo importante que fuimos para él. No la escribió pero

yo sí quiero escribírselas. Y quiero que siempre sepan donde está esta carta.

Aquí.

Por principio déjenme decirles lo feliz que he sido con ustedes. Jamás me imaginé que sería así. Esto requiere una explicación. Cuando era joven, muy joven, pensé que no quería tener hijos. No lo tomen a mal. Es el egoísmo típico de un adolescente que cree que no le dará tiempo para hacer todo lo que sueña. Además, en mi parcializada idea de libertad no cabía la posibilidad de cuidar hijos. Luego los conocí y todo cambió. Sus nacimientos fueron como abrir un par de enormes hoyos en una coraza metálica y dos bombazos a mis temores de juventud.

Muy rápidamente me di cuenta que ser padre era lo mejor que me había ocurrido en la vida.

Gracias Pao. Gracias Nico.

Mi libertad, ahora lo entiendo perfectamente, incluye el poder quererlos al máximo. Quererlos me ha hecho más libre. Me ha abierto emocionalmente. Me ha salvado de una vida incompleta.

Hace muchos años, una buena amiga que había dejado el periodismo para dedicarse tiempo completo a la vida espiritual, me dijo que Paola sería mi salvación, que ella me mantendría en contacto conmigo mismo y con los sentimientos de los otros. Tuvo razón. Nico, tú todavía no habías nacido pero podría decir exactamente lo mismo sobre ti.

Vivir con ustedes ha hecho que todo valga la pena.

He tenido una buena vida. No me quejo. Es más; me ha ido mejor de lo que jamás imaginé. De adolescente tenía tantos planes. Tantos lugares a donde ir. Tanto por hacer. Y la vida me dio de más. Y he podido llevar la vida que yo he escogido. Nadie la escogió por mí; soy el culpable y el feliz responsable de todo lo que hice o dejé de hacer.

Esto, lo reconozco, tiene sus inconvenientes. He vivido con tanta intencionalidad, siempre buscándole un propósito a todas las cosas que hago, que a veces siento una marcada densidad en mi existencia. Casi te estoy escuchando Paoli: *"Relax, Daddy, relax."* Tienes razón. Me puedo aflojar un poquito—un muchito—más. He perdido mucho tiempo en seguir las formas y los protocolos y los uniformes. Como sugería Borges, si pudiera vivir de nuevo, jugaría más y tomaría menos cosas en serio.

Jueguen. Siempre.

Una de las cosas que supe tan pronto como nacieron es que jugaría mucho con ustedes. Mi papá casi nunca jugó conmigo y yo no quería repetir ese error. Y hemos jugado de todo. Nada me hace tan feliz. Jugar, de pronto, nos pone a los tres de la misma edad y esa experiencia es inigualable. No hay nada más rico ni importante que jugar y perder el tiempo con ustedes.

¿Saben qué? Me arrepiento de poco. Pero en casi todos los casos es por cosas que dejé de hacer. No por las que hice.

Perdón, entonces, por el tiempo que les robé para hacer otras cosas. Me faltan más luchitas contigo, Nicolás; más madrugadas contigo, Paola. No debemos quedarnos con las ganas.

Experiméntenlo (casi) todo.

Que nadie se los cuente. No hay reemplazo a una vida no vivida. Eso sí sería un desperdicio.

Aprendan algo nuevo.

Se hace viejo el que deja de aprender. Yo sigo aprendiendo de ustedes. Hace poco aprendí a hacer *snowboard* contigo, Paoli, y a meter goles en tu juego de video de fútbol, Nico. No fue fácil. Me llené de moretones y reconozco que me desespero cuando los monitos de la pantalla no hacen lo que mis dedos les indican. Pero ahora sé hacer dos cosas nuevas.

Júntense con gente que los rete, que los ponga a pensar, que no los deje dormirse. Atrévanse a ser jóvenes cuando su cara y su cuerpo dicen otra cosa.

Venzan la timidez.

Los tres somos tímidos. Lo sé. Nos cuesta trabajo pedir las cosas, llamar la atención o incomodar a otros. Pero hay que superar la timidez. ¿Cómo saber si pueden logar algo cuando ni siquiera han tratado? El primer paso es, siempre, atreverse. Atrévanse a vivir. No se queden en la orilla a punto de dar un paso. Denlo.

Miren. Hagan. Comprométanse. Métanse en la vida.

No hay substitutos a meterse al mar, a reírse hasta que te duela la parte de atrás de la cabeza, a hacer el amor con alguien que amas, a respirar el aire de una montaña nevada, a mojarse los pies en un río, a caminar por Nueva York, París, Mumbai o la Ciudad de México luego de una lluvia veraniega, a ver una película que te haga llorar y pensar, a ver a uno de tus actores favoritos en un teatro de Londres o Madrid o Buenos Aires, a comer tacos parado en la calle, a dormir desnudo, a esquiar por primera vez, a que te publiquen lo que escribes, a volar un papalote en Bangkok, a tomar una siesta en la tarde, a devorarse una piña con chile piquín, a sentir el lodo en las manos, a dar un discurso, a hablar por la tele, a perderse sin rumbo en un pueblito, a tomar una siesta en una hamaca, a no bañarse por tres días, a bañarse tres veces en un día, a hacer reír, a tirarse agua tibia sobre la cara cuando te mueres de sed, a sudar en un temascal, a nadar de muertito, a andar en bicicleta entre viñedos, a jugar ping pong, a dejarse rodar por las dunas de Veracruz, a quemarse la cara en un atardecer...

Viajen. Mucho.

Esa ha sido mi única extravagancia, mi premio mayor, mi mejor recompensa. Nunca he llegado totalmente decepcionado de un viaje. Siempre hay algo que rescatar.

Atrévanse a ver cosas distintas. Si un lugar los hace sentir cierta incomodidad es que dentro de ustedes llevan algo que les incomoda, que requiere ajuste, reflexión. No se vayan de ese lugar hasta que entiendan qué es lo que se movió dentro de ustedes.

Por eso me han acompañado en tantos viajes. No los quiero parados, inmóviles. Es un desperdicio conocer solo un rinconcito cuando hay tanto mundo. Cada lugar nuevo abre una puerta dentro de ustedes. Si pueden, conozcan un nuevo país por año. A los ochenta habrán recorrido casi todo el planeta. Evadan los cruceros que llevan su protegido mundito dentro, con tres comidas incluidas. Salten de ahí. Anden en bicicleta en Beijing, naden a un lado de los arrecifes de Australia y enciérrense tres días en un *ashram* de la India. Abran bien los ojos. Cierren ese pedacito de mente que les dice que su mundo es mejor. No juzguen. Participen. Llénense de planeta.

No vivan con miedo.

El miedo paraliza. Es normal sentirlo pero hay que domarlo como a un perro que ladra. El ladrido del miedo te detiene. Pero nunca dejen que los controle; es solo un sonido, una señal de alarma, un empujón para actuar.

Respiren tres veces profundamente, entiendan qué es lo que está pasando dentro de ustedes—el temor se aloja en el mismo centro del estómago y en el hoyo de la garganta—y luego hagan el miedo a un lado. Nombren, con nombre y apellido si es preciso, aquello que les cause el miedo. Y se van a dar cuenta que después de repetirlo varias veces ese miedo comienza a perder importancia. Se desgasta. Pierde el embrujo.

Primero hay que saber exactamente quién es el enemigo para, más tarde, vencerlo. Atención: la mayoría de las veces el enemigo está dentro de ustedes mismos.

Tomen riesgos.

Cuando aún estaba en la secundaria decidí, junto con un grupo de amigos, publicar un periódico que criticaba fuertemente a los directores de la escuela y a los profesores. Desde luego, corríamos el riesgo de ser expulsados. La escuela no era una democracia y la libertad de expresión, particularmente en contra de los directivos y maestros, no era bien recibida.

Pero antes de hacerlo, lo consultamos con una maestra que gozaba de nuestra absoluta confianza. Esta expresión de rebeldía nos podía costar la pérdida del año escolar. No nos dijo qué hacer pero sí nos dio una manera de medir el riesgo. "Si la recompensa," nos dijo, "es mayor que el posible castigo, háganlo."

Al final de cuentas, publicamos el periódico, lo leyeron todos los maestros y el director de la escuela... y no pasó nada. No expulsaron a nadie. No castigaron a nadie.

De esa experiencia, sin embargo, aprendimos algo aún más importante. Esa escuela ya no nos estaba aportando nada. Varios de los estudiantes que publicamos ese manifiesto, nos cambiamos de escuela al año siguiente. Antes de irme, tuve el gusto de ir a ver al director de la escuela y decirle en su cara: "me voy porque no lo aguanto más."

Todo fue un riesgo: publicar el periódico (de un solo número) y cambiarnos de escuela. Terminé, afortunadamente, en un colegio mucho más liberal y acorde con mi forma de pensar. Y es muy posible que esa experiencia haya sido determinante en mi elección de carrera. La recompensa fue muy superior al posible castigo.

No sean una víctima.

Si por alguna circunstancia se convierten en víctimas, entonces rebélense. Ser víctima es perder el control de su vida. Peleen con todo lo que tienen para recuperar ese control. Nadie tiene el derecho de imponerles cómo vivir. Vivir como víctima no es vivir.

Ustedes son responsables de lo que hacen. Nadie más. No le echen la culpa a los otros por algo que ustedes hayan hecho. Nunca. Esa es una forma muy cobarde de vivir. Somos responsables de todo lo que hacemos o dejamos de hacer. Cada decisión que tomamos tiene consecuencias a largo plazo. Aprendan a aceptarlas. Así tendrán una vida plena. No hay nada más satisfactorio que saber que llevan la vida que ustedes decidieron.

Y si alguna vez sufren la mala experiencia de ser víctimas de algo que no es su culpa, tengan el valor de perdonarse. No se sientan responsables por las cosas que ustedes no hicieron o que están fuera de su control. No todo es su culpa. No carguen en sus espaldas el peso del mundo.

Aprendan a decir que no.

La palabra "no" es la más fuerte de todo el diccionario. Y hay veces en que decir "no" es la decisión más difícil y la más valerosa.

Cuando cumplí cuarenta años me regalé el "no". Ha sido mi mejor regalo de cumpleaños. Me dije que a partir de ese momento diría que "no" a las cosas que no quería hacer por compromiso. Iría a menos bautizos, a menos bodas, a menos invitaciones forzadas. Diría "no" con más frecuencia. Y me costó mucho trabajo. Pero, después de varios años, aprendí a decir que "no." Eso me liberó.

No dejo que me presionen para hacer las cosas que no quiero hacer. Sólo digo "no." A veces es muy duro decirlo. Pero, al final de cuentas, es mejor decir "no" a tiempo que cargar el resentimiento de un "sí" por años o décadas.

Actúen.

Esta es, seguramente, una de las principales lecciones que he aprendido: más vale actuar que ser pasivo. Es preferible tratar que esperar. No hay hubieras. Nada genera más frustración y resentimiento que nunca haber tratado.

"Debemos tomar partido," escribe Elie Wiesel en su libro *Noche*, donde describe las atrocidades que vivió en los campos de concentración nazi. "La neutralidad ayuda al opresor, nunca a la víctima. La acción es el único remedio contra la indiferencia. La indiferencia es el mayor peligro de todos."

Nunca se van a equivocar si denuncian una injusticia o si se enfrentan a alguien que abusa de su posición o poder. No es fácil. Pero la vida es demasiado corta como para andar de neutrales. No teman defender los ideales y las cosas en que creen. Eso los fortalece y los enaltece.

La vida está tan llena de encrucijadas y dilemas que a veces parece un tenedor con mil picos. Y en esos momentos complicados, cuando cuesta trabajo escoger, hay una regla de oro: no vayan nunca contra sus principios. No escojan lo prudente o lo cómodo. Asegúrense que después de una decisión importante aún se puedan ver a la cara, porque van a seguir viviendo con esa cara por el resto de su vida. Lo básico, el punto de partida, es el respeto por ustedes mismos. Lo demás viene después.

Tomen grandes decisiones con tranquilidad.

Todos los días y a todas horas tomamos decisiones. Esa es la carga que viene con la libertad. Pero pocas veces tomamos grandes decisiones.

Las grandes decisiones son aquellas que van a afectar el resto de nuestra vida. Hay que tomarlas con plena conciencia de lo que significan. Una de las grandes decisiones de mi vida, por ejemplo, fue cuando decidí venirme a vivir a Estados Unidos. O cuando decidí ser periodista. O cuando, finalmente, acepté ser padre. Todas esas grandes decisiones vivirán conmigo hasta que muera.

Asegúrense que cuando ustedes tomen una decisión de esa magnitud, lo hagan con absoluta tranquilidad. Las grandes decisiones deben dejarles paz interior, no angustia.

La inquietud es señal de que algo no cuadra, de que escogieron con temor o bajo presión. En el fondo, esas grandes decisiones son las más fáciles de hacer. Son producto de muchos años de maduración y tienden a caerse de la mata.

Las grandes decisiones—como la elección de pareja, de país, de destino, de carrera, ser padre o madre—llevan consigo un aire de inevitabilidad. Es lo que surge naturalmente de ustedes. Si no es así, tengan cuidado y reconsideren. No esperen una década para corregir malas decisiones. Es demasiada energía desperdiciada.

No se angustien por las cosas pequeñas.

No vale la pena gastar tiempo y energía en asuntos intrascendentes. Déjenlos ir. No es preciso pelear y discutir todos los temas. Aprendan a escoger entre las cosas importantes y las que no lo son. Guarden su verdadero esfuerzo para aquello que realmente afecta su vida y las de los demás. No hay que ser siempre el primero de la fila.

Hagan las cosas a tiempo.

Un beso en el momento correcto es una fiesta; un beso en el momento incorrecto puede terminar en cachetada. El concepto de "momentos oportunos" lo aprendí cuando era consejero de campamentos de verano y aprovechaba las noches, antes de que los acampantes cayeran agotados, para hablar con ellos y conocer cuáles eran sus miedos y aspiraciones. Todo tiene un peso mayor —un consejo, un abrazo, una plática, una confesión, un regaño— si se dice en el lugar y en el momento adecuado.

A veces es preciso esperar un poco para tener más impacto. No se guarden las cosas que les nacen pero díganlas en el momento apropiado. Un funeral no es el lugar para proponer matrimonio. Un carnaval no es para recordar a los que se fueron.

Les voy a contar una anécdota que me enseñó mucho y que aún me duele. Cuando era niño había un sacerdote en la escuela que siempre jugaba con nosotros y que, contrario a lo que hacían otros religiosos, nos trataba con respeto y cariño. Era, en otras palabras, nuestro amigo. Aunque tuviera sotana. Me dio clases en primero o segundo grado de la primaria. No recuerdo exactamente. Era el único que jugaba fútbol en los recreos y a quien le podíamos confiar nuestras travesuras sin temor a una represalia.

Pues bien, el padre Sergio, por razones que sospecho pero que nunca pude confirmar, dejó la vida religiosa y se fue a vivir a Nueva York. Y un buen día, casi treinta años después de haberlo visto por última vez, se puso en contacto conmigo a través de una carta a mi oficina. Me había visto por televisión y quería reestablecer el contacto. Me puse feliz.

No sólo me caía muy bien el ahora expadre Sergio, sino que era una oportunidad única de limpiar de rencores y odios la vida que tuve en la escuela primaria. Tenía mil preguntas que hacerle. Lo busqué en mis álbumes de fotografías y ahí estaba Sergio, de blanco y negro, serio y vigilante junto a nosotros, sus alumnos. Cercano. Accesible.

Quise esperar el momento correcto para escribirle todas las preguntas que me atormentaban de esa época. Y como el momento correcto nunca llegó, ya que siempre estaba lleno de pendientes, fui posponiendo la respuesta a su carta. No es que lo hubiera olvidado—su carta estaba sobre mi escritorio—sino que el asunto era tan importante para entender mi infancia que, de alguna manera, en mi mente escribía poco a poco y lo que le iba a contestar.

Finalmente, tres o cuatro meses después, escribí una carta que me satisfizo. No hice todas las preguntas que tenía. Pensé que lo mejor sería ponerme en contacto con Sergio y luego tener una plática en persona en Nueva York. Envié la carta y no tuve respuesta de él. Me pareció muy raro.

A los seis meses de su primer contacto epistolar, me llegó otra carta. Pero no era de él. Era de un compañero de la universidad informándome que Sergio había muerto. Se me heló el corazón. Sentí un terrible vacío. Su amigo me comentaba que Sergio pocas veces hablaba de sus alumnos pero que en una ocasión le había dicho lo satisfecho que estaba por mis logros profesionales. Eso me hizo llorar.

A partir de entonces, me he prometido actuar a tiempo. Los momentos oportunos, a veces, nos exigen actuar con prontitud. De hecho, he aprendido a no retrasar nunca los asuntos importantes.

Esos requieren atención inmediata. Retrasar lo pendiente solo llena de ruido tu vida. Y eso lo aprendí de Sergio. Demasiado tarde.

No hay una segunda oportunidad.

Ya saben, no creo en el destino ni en la suerte. Creo, en cambio, en estar preparado para cuando llegue la oportunidad. *Serendipity* existe. Cuando llegue, salten sobre ella. Solo hay que estar muy pendiente.

La gente que tiene éxito no es, necesariamente, la más inteligente sino la más persistente. Si quieren algo, de verdad, que se note. El interés se muestra con tiempo y esfuerzo. Dedíquense a lo que más les gusta. No pierdan el tiempo en las cosas que otros creen que ustedes deberían hacer; encuentren su verdadera pasión en la vida y clávense en ella.

No vivan sin pasión.

No hay nada más triste que pasarse la vida haciendo algo que no les gusta. Escojan aquello que los transforma, que los apasiona. El dinero y la comodidad vendrán después. Y si nunca llegan, no importa. Es preferible una vida haciendo lo que les gusta que otra, con mucho dinero y comodidades, que aborrecen.

Usen el dinero pero no dejen que el dinero los use a ustedes.

No es ningún secreto para nadie que he tratado de darles a ustedes lo que yo no tuve. Los viajes que no tuve, las oportunidades académicas que no tuve, la tranquilidad de vivir sin un signo de pesos o dólares en la cabeza. La autosuficiencia económica te permite tomar decisiones con mayor libertad. Y eso es lo único material que pretendo. Para mí y para ustedes. Nada más. No soy un tipo al que le gusten las joyas ni los lujos. Odio acumular. Las cosas me estorban. Soy minimalista. Más es menos. Y ahí está mi clóset y mi casa de prueba.

Vivo bien. Y eso simplemente significa que tengo lo que necesito y ya. Espero, también, poder ofrecerles una vida con menos problemas económicos de los que tuve de niño. Estados Unidos ha sido un país tremendamente generoso conmigo. Y a cambio quisiera que ustedes fueran generosos y solidarios con los que más lo necesitan. Eso es todo. ¿Trato hecho?

El diálogo lo resuelve todo.

No me gusta pelear. Todas las guerras son la confirmación de que fracasamos en el diálogo. Para mí no hay guerras buenas. Prefiero encontrar puentes. Y para eso hay que saber escuchar. Soy un buen "escuchador." Digamos que todo preguntón tiene que ser antes un buen escucha. Escuchen antes de hablar.

Con ustedes siempre he tratado de borrar temas prohibidos. Esa es la primera regla para una conversación libre y sin prejuicios. Dejen cualquier vestigio de autoridad en la puerta. "Porque lo digo yo" es una frase que destroza pláticas. Todo debe estar en la mesa. Y si ustedes se sienten con la confianza de hablar de cualquier cosa conmigo, entonces el esfuerzo y la lección valió la pena.

Trasciendan.

Vayan más allá de ustedes mismos. Dejen su marca. No pasen desapercibidos. No somos culpables de cómo estaba el mundo cuando llegamos pero sí tenemos la obligación de dejarlo un poquito mejor cuando nos vayamos. Alguna vez, como muchos jóvenes, creí que quería salvar al mundo. Y no hay nada malo en pensar que una sola persona puede cambiar las cosas. No pierdan ese idealismo. Hay que amarrar los sueños. Los grandes cambios comienzan imaginándoselos.

Sean líderes.

No teman en dar su opinión y proponer sus ideas. Hay otros seis mil millones de seres humanos que harán lo mismo. Y cuando estén convencidos de algo, díganlo, asúmanlo. Es siempre mejor estar al frente que seguir. Y si se caen, al menos tendrán el consuelo de saber que nadie los empujó.

Recuerden, la vida no tiene sentido. Hay que dárselo. Y la mejor forma de hacerlo es contribuyendo algo a la gente que nos rodea. No es preciso ver muy lejos. Levanten la cabeza y verán que hay mucho por hacer. Piensen en grande pero den, primero, un paso chiquito.

Sean independientes.

La independencia es mi principal cualidad y mi principal defecto. A veces actúo solo cuando sería más efectivo hacerlo en grupo y reconozco que me cuesta trabajo adaptarme a decisiones colectivas. Prefiero marcar mi propio camino aunque sea más largo y complicado. La independencia, económica e intelectual, es el requisito de una vida genuina y auténtica.

Esto, por supuesto, no quiere decir que sería deseable una existencia sin fuertes lazos emocionales. Dependo del amor de mi madre y mis hermanos y amigos como ustedes dependen del mío y de la gente que los rodea. Quieran a todo lo que dan. Sean autosuficientes en todo, menos en el amor. De otra manera sería muy aburrido.

Sean ustedes mismos.

No sigan a nadie. Sigan, como decía Hesse, aquello que brota espontáneamente de ustedes. No se traicionen. Si por alguna razón olvidaran todo lo que les he dicho hasta el momento, sólo recuerden esto: sean ustedes mismos.

Bueno, creo que ya tienen algunas respuestas a la pregunta: ¿qué hubiera hecho mi papá? Pero al final de cuentas, no me hagan mucho caso. Por favor. Es su vida. No la mía.

Y cuando ya no esté, no se preocupen. De muchas, muchas maneras, ya me llevan consigo. Sólo pongan un poquito de atención y ahí estaré.

Paola, Nicolás, los quiero.

Todo, todísimo.

Papá.

LA VIDA SIN RELOJ

~

Paola y Nicolás:

Esta es la última carta que les escribo. Espero que les haya podido transmitir la forma tan increíble en que han transformado mi vida y que, al mismo tiempo, me hayan conocido un poco mejor. Seguro tendremos la oportunidad de discutir estas cartas. Yo me encargo. La próxima vez que se suban en el auto conmigo…

Para terminar quiero hablarles del tiempo. El tema común de estas quince cartas ha sido el tiempo que hemos pasado juntos. Quisiera alargarlo. Pero no se puede.

La vida son esos pedazos de tiempo que tienen la maldita característica de que no se pueden guardar, atrasar, acelerar, alargar o recortar. Son lo que son.

Qué más quisiera que traerme un pedazo de la vida de mi papá para que coincidiera con otro de tu vida, Nicolás, y pudiera verte jugar al fútbol un sábado en la mañana. O arrancar un pedacito de mis prácticas de basquetbol en la universidad para jugar contigo Paola, los dos a los veinte años de edad. O estirar un beso para siempre. O recortar el dolor de un golpe. O congelar esos momentos cuando los vi por primera vez.

No se puede. Ya fueron.

La memoria guarda esa información sin la cual no podríamos vivir. Y es ahí, en el pasado, donde chapoteamos con lo esencial. No puedo imaginar mi vida sin ustedes y sin otros personajes imprescindibles.

A veces juego, como un editor de cine, transgrediendo el tiempo y uniendo momentos que no se dieron juntos. En mi película quisiera incluir a todos aquellos que me marcaron, que amé y me amaron. ¿No es esta, acaso, la idea del cielo en la que viviríamos eternamente con aquellos que amamos? Yo ya sé cómo se vería mi cielo.

El problema es que no sé si existe el cielo. Así que sigo trabajando en encontrar mi cielo en la tierra. Es lo único que tengo seguro. El hoy.

Las líneas en mi cara y mis canas son la prueba de un intenso recorrido. Hombre, claro, me gustaría verme cinco o diez años más joven. ¿Quién no? Pero reconozco que cada año me ha dado una lección, algo nuevo, un poquito más de experiencia, me ha soltado. Por eso llevo las huellas del tiempo como un premio. No deseo regresar el tiempo. Estoy bien donde estoy. Además, es un privilegio estar cuando otros, tristemente, ya no están.

La mejor recompensa es llevar la vida que escogí. Ninguna otra. Es liberador. Tengo, por fin, la conciencia de estar disfrutando cada momento. Antes no la tenía.

No quiero esconder el tiempo que he vivido porque sería como ocultar el regalo más preciado.

El periodista español Vicente Verdú escribió que uno de los lujos del nuevo siglo XXI sería "cada vez más, el tiempo. Por ejemplo, poder observar las flores o las plantas, o el movimiento de un niño sin la ansiedad de un reloj." Tiene razón. No les recomiendo vivir con un reloj pegado a su muñeca. Hay algo esclavizante en eso.

Nunca he llevado reloj. Ni anillos. Ni collares. Ni amuletos. Me da, al menos, una mayor libertad de movimiento. Cargo poco. Y la hora la pregunto. Además, el tiempo ya está marcado en todos lados, desde teléfonos celulares hasta computadoras portátiles. ¿Para qué necesitamos un reloj? El artículo más inútil de nuestra época es un reloj con joyas. Es, en mi opinión, el máximo signo de vanidad. El tiempo es el regalo.

Incluso los hombres y las mujeres más ricos y poderosos son pobres de tiempo. Trato de no ser como ellos. Quiero, en cambio, ganarle tiempo al tiempo y todo lo que rescate pasarlo con ustedes y con la gente que amo, haciendo cosas que me gustan y que trasciendan. Eso es todo. Y es mucho pedir. Lo sé.

La edad te enseña—y no Einstein—que el tiempo es relativo. Cuando éramos niños, una semana nos parecía eterna y la llegada de las vacaciones de navidad sonaba a un evento que ocurría una vez por siglo. Ahora mis cumpleaños y los suyos pasan con la velocidad de un auto de carreras que acelera a más de cien millas por hora frente a anuncios ilegibles. Pasan cada vez más rápido y es imposible detenerse.

La percepción de un año para un hombre que ha vivido medio siglo, como yo, es muy distinta a la de un niño de ocho años como tú, Nicolás. Ese año, para mí, vuela. En cambio, para ti, se estira interminablemente. Y a veces quisiéramos cambiar, ¿verdad? Tú quisieras acelerar la llegada de tu cumple mientras que yo preferiría retrasar el mío. Estamos viajando a tiempos distintos.

Esto es relativamente nuevo para mí. Supongo que, de no ser así, habría pospuesto la escritura de estas cartas. Y también la reflexión de mis momentos favoritos.

Hay momentos—¿se han dado cuenta?—en que todo embona y las piezas caen en su lugar. El otro día, hace poquito, tuve uno de esos momentos.

Estábamos jugando fútbol en el jardín, Nicolás, la tarde era perfecta, con un atardecer entretejido de azul claro y naranja, ni frío ni calor, ni hambre ni sed, no tenía nada pendiente ni ningún otro lugar a donde ir, cero preocupaciones, la familia y los amigos bien, tú ibas a patear la pelota hacia la portería y yo trataría de pararla, y de pronto, me detuve una fracción de segundo para reconocer que todo estaba a tiempo y en su lugar y que en ese instante—en ese preciso instante—fui inmensamente feliz.

Les deseo, Paola y Nicolás, muchos momentos como ese.

No sé lo que viene. Ya decía Milan Kundera que "todo el mundo se equivoca acerca del porvenir." Pero hay que exprimir el tiempo que nos queda.

Últimamente he estado muy sensible a la idea de una vida apretada por falta de tiempo. Me encontré entre un montón de fotografías una tarjeta de mi amigo, Félix Sordo, quien murió en el terremoto de México en 1985. Qué curioso ¿verdad? Eso me recordó que Félix siempre me decía: "tengo prisa." Y no se refería al presente, a que tuviera mucho trabajo—que lo tenía—sino a esa sensación de que la vida se le escapaba y que tenía que apurarse para hacer todo lo que tenía pendiente. Sí, Félix vivió de prisa y por eso dejó su huella en muchos de nosotros.

Hace poco también, encontré una vieja revista donde la escritora Elena Poniatowska hablaba de su eterna pelea con el tiempo: "Estoy en ebullición, me falta tiempo."

Me siento igual. Siento que me falta tiempo. Pero creo que he encontrado la fórmula para aprovecharlo mejor. En lugar de apurarme para hacer más cosas en un período más corto, le estoy bajando la velocidad a la vida para disfrutar más cada instante.

Ser multifuncional es ser multinfeliz. No hay fórmulas, pero trato de hacer una sola cosa a la vez. Trato de comer sin leer, conversar sin ver la televisión, hablar por teléfono sin escribir en la computadora, ir a una fiesta sin chequear los mensajes electrónicos en el *Blackberry*, salir sin pensar en la hora de llegada, dormir sin despertador, hacer el amor sin música.

Menos velocidad, menos tareas y más intensidad. ¿Y saben? Me está funcionando. Es la vida sin reloj.

Ahora, más que nunca, he comprendido el enorme privilegio de estar juntos. El regalo es el tiempo compartido. No hay nada más ni mejor. Y tengo que aprovechar lo mucho que nos queda; estoy, de alguna manera, en tiempos extras.

Ustedes dos, Paola y Nicolás, son lo mejor de mí. Aún si no existiera algo después de la muerte, vivir con ustedes hizo que todo valiera la pena. El tiempo que he pasado con ustedes dos— este tiempecito compartido—es el clímax de mi vida.

Contigo Paola.

Contigo Nicolás.

Siempre.

Jorge.

LA FOTO

Si pudiera detener un momento sería ese, cuando nos tomaron una foto a los tres. Estábamos en Vail, Colorado, sin prisa, sin planes y sin saber qué iba a pasar. Queríamos regresar a casa, al calorcito de Miami, pero nuestro vuelo había sido cancelado. Una tormenta evitó que llegara nuestro avión y teníamos una espera de varias horas antes de tomar el próximo. Caminábamos sin rumbo con el sol en nuestras caras; un verdadero regalo en una fría mañana de invierno. Vimos una tienda con un nombre chistoso "Laughing Monkey" y nos sentamos en las escaleras de su entrada para tomarnos la foto.

Nicolás había dejado su chamarra en la maleta y le presté la mía. Le quedaba un poco grande. Pero a los dos nos cobijaba un poquito de satisfacción: a él por traer puesto algo de su papá y a mí por ese incontrolable deseo de protección… aunque me estuviera muriendo de frío. Y Paola, como siempre la más *cool* de todos, con su bufanda, su banda sobre el pelo, sonreía sin una sola preocupación aparente.

Éramos, los tres, inmensamente felices.

Click.

Sí, le he exprimido mucho a la vida… y la vida me ha tratado bien.